Fritz Manfred Geppert

# Spuren zum Erfolg

90 Jahre
Alpiner Skisport in Deutschland

von

**Cranz bis Neureuther**

**BoD**
**Books on Demand**

**Bibliografische Information der Deutschen Nationalbibliothek:**

Die Deutsche Nationalbibliothek verzeichnet dieser Publikation
in der Deutschen Nationalbibliografie; detaillierte biliografische
Daten sind im Internet über http://dnb.de abrufbar

Herstellung und Verlag:
BoD – Books on Demand, Norderstedt

ISBN: 978-3-7534-7319-2

Es sind 57 Damen und 54 Herren, die in der zurückliegenden Zeit von nunmehr fast 90 Jahren; von den Anfängen des alpinen Skirennsports bis heute die Spuren von Erfolgen im Schnee der Pisten für sich und Deutschland hinterlassen haben. Mit der Veröffentlichung dieser auch historisch zu betrachtenden Publikation werden Höhepunkte und Ergebnisse von Olympischen Spielen, Weltmeisterschaften, wie die von FIS-, nachfolgend Weltcuprennen unserer ehemaligen, wie der auch noch aktuellen Aktiven in chronologischer Reihung, textlich und grafisch informativ aufgearbeitet.

## *Anmerkung:*

In dieser dem Leser vorliegenden aktuellen Ausgabe meines Buches habe ich Ergänzungen und Korrekturen vorgenommen, die dem gegenwärtigen Stand von Entwicklung und Information im Sport allgemein geschuldet sind.

Der Autor

## *Über den Autor:*

Fritz Manfred Geppert ist 1937 in Wünsdorf bei Zossen, 40 km südlich von Berlin in der Mark Brandenburg geboren. Das Schreiben hat dem heute 82-jährigen von Schülerzeiten an Freude bereitet. Sei es als biografische Replik, als ein historisch spannend fantasievoller Exkurs, oder wie im vorliegendem Buch zu lesen und nachzuschlagen, die Aufarbeitung eines Themas aus dem Spektrum des Sports. Seit 1955 lebt er mit seiner Familie in der Wetterau zwischen den Höhenzügen von Taunus und Vogelsberg.

# Herren

# Inhalt

# Einführung

Als einem der vielen großen Anhänger des alpinen Skisports verfolge ich schon Jahrzehnte die Erfolge von deutschen Rennläufern bei den Damen und Herren. Die Faszination dieses Sports ist atemberaubend wie auch spannend. Die Technik, das rasante Tempo, und das alles bei hohem Risiko beim Abfahrtslauf und Su-G, die Geschmeidigkeit, Beweglichkeit der alpinen Rennläufer zwischen den roten und blauen Stangen beim Slalom und Riesenslalom deuten uns, den Zuschauern den immensen Aufwand für das Training der Aktiven im Kreis der Spitzenklasse an. Dazu gesellt sich der enorme Spannungsbogen beim Zieldurchlauf der Rennläufer, wenn nicht Zehntel, sondern Hundertstel Sekunden zwischen Sieg und Niederlage entscheiden. Die Anspannung, unbändige Freude beim Blick auf die Zeitmessung, die Erwartung auf einem Podestplatz oder doch eine sehr gute Platzierung zu erzielen, oder eine Enttäuschung wegzustecken zu müssen, ist jedem Läufer im Gesicht abzulesen.

Wie schon am Anfang meiner Ausführungen erwähnt, registriere ich seit vielen Jahrzehnten die Daten und Ergebnisse, die deutsche Rennläufer und Läuferinnen auf den Rängen von Eins bis Drei seit dem Beginn des alpinen Rennsports, den FIS-Rennen, später dem Weltcup, bei Weltmeisterschaften und Olympischen Spielen erzielten.

Mein Anliegen beim Verfassen und der Herausgabe dieser Dokumentation war es, eine umfassende transparente Ergebnisorientierung von deutschen Alpinen bei internationalen Wettbewerben ab Ende der Zwanzigerjahre des 19.Jahrhunderts in historisch, chronologischer Gesamtübersicht zu präsentieren. In dem ihnen hier vorliegenden Buch als Paperback verlegt, sind die Ergebnisse und Namen der Sportler verzeichnet, die einen der Ränge Eins bis Drei der Disziplinen im alpinen Skirennsport belegt haben, die jeweils von deutschen Alpinen errungen wurden. In tabellarischer Form werden hier die Podestplatzierungen aller Aktiven von den Anfängen bis zum zum dato im alpinen Leistungssport vor annähernd 90 Jahren aufgeführt. Zudem wird jedem Aktiven, Damen wie bei den Herren in dieser Dokumentation eine kurze Sportler-Biografie, so weit Daten zu ermitteln waren, vorangestellt.

Bis zum Zeitpunkt der Einführung des Alpinen Weltcups für den Damen- und Herrenbereich, als der höchsten Leistungs-Klassifizierung im Jahr 1967 durch den internationalen Verband der FIS, der „Federration Internationale de Ski" wurde für die alpinen Rennen die Kennung „FIS-Rennen" verwendet.

Die Bedeutung und Beachtung für den Skisport ging mit einem arrivierten und attraktiven Veranstaltungsort, und den später eingeführten FIS-Klassifizierungen von oben nach unten (FIS-A, FIS-B, Europacup Rennen) , unter der Aufsicht von FIS-Funktionäre einher. Wie schon vermerkt, werden seit dem Jahr 1967 die Rennen im internationalen Vergleich unter dem Synonym WC (Weltcup) als deren höchster Klassifizierung durchgeführt.

Die Wiege des Skirennsportgeschehens und die Entwicklung vom amateurhaften Elite- und Urlaubsvergnügen zum Leistungssport waren zweifelsohne Orte wie Mürren und Grindelwald in der Schweiz und St. Anton und Kitzbühel in Österreich. Zum Ende der 20er Jahre des vergangenen Jahrhunderts bildeten die Kandahar-Skirennen von Mürren und St. Anton den quasi Beginn des Leistungssports mit sich verstärkender Tendenz internationaler Beteiligung. Hinzu kam die Installation der SDS-Skirennen durch den Schweizerischen Damen Skiclub von Mürren und Grindelwald, der speziell den Damen die Bühne für ihre jedes Jahr anberaumten Rennen bot. Im Laufe der Jahre mehrten sich die Bewerber für die Austragung von Skirennen, wie Chamonix, Garmisch-Partenkirchen, Sestriere, Wengen, Kitzbühel, Megeve, Madonna di Campiglio, Cortina d`Ampezzo, Val d`Isere und Oberstaufen, anfangs nur aus Europa. Aber nach und nach zeigten auch die Überseestaaten USA und Kanada in den Wintersportmetropolen Interesse an der Ausrichtung für den FIS-, späteren Weltcup oder von Weltmeisterschaften.

Die ersten Alpinen Skiweltmeisterschaften fanden vom 19. bis 23. Februar 1931 in Mürren/Schweiz statt. Bis zum Jahre 1939 wurden sie jedes Jahr durchgeführt, nannten sich aber erst ab dem Jahr 1937 offiziell Weltmeisterschaften; und nannten sich bis dahin lapidar FIS- Meisterschaften. Olympisch wurden die alpinen Wettbewerbe erstmals 1936 in Garmisch-Partenkirchen, wobei nur die Alpine Kombination an sich, bestehend aus Abfahrt und Slalom und deren Akteure mit Olympischen Medaillen ausgezeichnet wurden. Von 1948 an, 3 ½ Jahre nach Beendigung des II. Weltkriegs bis zum Jahr 1980 wurden die Wettbewerbe der Olympischen Spiele parallel auch als Event einer Weltmeisterschaft gewertet.

So erhielten die Drei-Erstplatzierten einer jeden Einzeldisziplin jetzt Olympische- wie auch die Weltmeisterschafts-Medaillen überreicht. Und seit dem Jahr 1985 finden Weltmeisterschaften alle zwei Jahre, separat und unabhängig von den Olympischen Winterspielen statt.

Im Jahr 1950 wurde das Wettkampfprogramm durch eine weitere Disziplin, einem Riesenslalom ergänzt, dem im Jahr 1982 eine Fünfte, der Su-G folgte. Bis zum heutigen Tag bilden in Weltcup, Weltmeisterschaft und Olympische Spiele diese fünf Kerndisziplinen das Hauptinteresse jedes Events.

Unsere gegenwärtige Zeit ist sehr schnelllebig geworden. Und die uns mit vielen Informationen versorgenden Medien lassen uns oft immer weniger Zeit diese zu verarbeiten. Mit dem Druck und der Herausgabe dieses „Schlag nach"-Buches, verbinde ich mein Anliegen, sollen den Erfolgen der alpinen Zunft in Deutschland aus zurückliegenden und gegenwartsnahen Zeiten Namen und deren Leistungen zugeordnet werden. Mein Wunsch ist es, das sie einer sportlich interessierten Leserschaft in Erinnerung bleiben mögen.


Noch eine abschließende Bemerkung: Bei meinen Recherchen über deutsche Rennläuferinnen und Rennläufer, die in den sehr frühen Jahren des Rennsports zu Erfolgen auf internationaler Ebene 1931, 1933 und 1950 beitrugen, gehörten bei den Damen Annemarie Kopp und Grete Matouschek, während es von den Herren Anton Bader betrifft, von denen ich nur wenig ergänzende oder keine Lebensdaten ermitteln konnte.


Der Autor

# Damen

Abfahrtslauf

Slalom

Riesenslalom

Su-G

Kombination

**90 Jahre**

**Alpiner Skisport in Deutschland**

# Annemarie Kopp und Grete Matouschek

( Lebensdaten nicht bekannt )

Von Annemarie Kopp und Grete Matouschek, Skirennläuferinnen aus den frühen 30er- Jahren konnte ich leider keine persönlichen Lebensdaten ermitteln. - Nur insoweit konnte ich recherchieren, das beide Damen bei den Österreichischen Meisterschaften am 01. Februar 1931 in Schwaz/Tirol an den Start gingen, und dort Annemarie Kopp eine Abfahrt für sich entschied, während Grete Matouschek im gleichen Rennen Platz Drei belegte. Darüber hinaus konnte ich aus historischen Zeitungen von Österreich, wie der „Tagespresse", der „Neuen Freien Presse" und dem „ Neuen Wiener Tageblatt" jeweils vom 02. Februar 1931 lesen, das Annemarie Kopp eine Berlinerin und in der Innsbrucker Skifahrer Vereinigung als Mitglied geführt wurde. Von Grete Matouschek stand nur in der Sportpresse, das sie aus München kam.

# Annemarie Kopp

Abfahrtslauf

| Event | Datum | Event – Ort | Platz 1 | Platz 2 | Platz 3 |
|---|---|---|---|---|---|
| FIS-R/ÖSM | 02,1931 | Schwaz | Kopp | | |

# Grete Matouschek

Abfahrtslauf

| Event | Datum | Event - Ort | Platz 1 | Platz 2 | Platz 3 |
|---|---|---|---|---|---|
| FIS-R/ÖSM | 02.1931 | Schwaz | | | Matouschek |

**FIS**   - Federration Internationale de Ski
**FIS-R** - FIS-Rennen
**ÖSM** - Österreichische Ski Meisterschaften

# Hadwig „Hadi" Pfeifer-Lantschner

**22. September 1906 in Innsbruck – 10. Dezember 2002 in ebenda**

Hadwig „Hadi" Lantschner stammt aus der bekannten erfolgreichen Innsbrucker Skifamilie, die eine traditionelle Affinität zum Skisport auszeichnete. Vor ihrer Verheiratung mit dem deutschen Sportlehrer Pfeifer war sie bereits für ihr Land Österreich recht erfolgreich gewesen. So gewann sie bei den Weltmeisterschaften von 1932 in Cortina d'Ampezzo zweimal Bronze in Abfahrt und der Kombination. Und zweimal sogar gelang ihr ein Tripel-Ergebnis, d. h. alle drei Disziplinen von Abfahrtslauf, Slalom und Kombination für sich zu entscheiden. (Arlberg-Kandahar-Rennen von St. Anton und Garmisch-Partenkirchen). Nach der Heirat startete sie ab 1935 für den Deutschen Ski Verband (DSV) im damaligen Deutschen Reich. Im gleichen Jahr 1935 gewann Pfeifer-Lantschner die Silbermedaille im Abfahrtslauf bei der Weltmeisterschaft in Mürren/Schweiz hinter Christel Cranz. Es sollte ihr letzter großer Erfolg sein. Nach den Olympischen Spielen von 1936 in Garmisch-Partenkirchen, die „Hadi" Lantschner als Fünfte in der Kombination abschloss, beendete sie ihre Karriere im Skisport und zog sich ins Privatleben zurück.

Abfahrtslauf

| Event | Datum | Event - Ort | Platz 1 | Platz 2 | Platz 3 |
|---------|---------|-------------|---------|------------|---------|
| FIS-R/WM | 02.1935 | Mürren | | Lantschner | |
| | | | | | |

FIS-R/WM - Die Weltmeisterschaft galt bis 1936 als inoffizielle WM

18

# Lisa Resch

04. Oktober 1908 in Garmisch-Partenkirchen - 31. Januar 1949 ebenda

Die gebürtige Garmischerin Lisa Resch bildete zusammen mit Christel Cranz und Käthe Grasegger das starke deutsches Dreigestirn, das in den 1930er Jahren viele bedeutende Rennen auf den Pisten Europas souverän beherrschten. Bei den Weltmeisterschaften in den Jahren von 1934 bis 1939 gewann Lisa Resch acht Medaillen. Sie gehört damit bis heute zusammen mit der Legende Christel Cranz und der oben erwähnten Käthe Grasegger bis in heutige Zeit zu den bisher erfolgreichsten Skirennläuferinnen aller Zeiten. Die Weltmeisterschaft in der Abfahrt 1938 im Berner Oberland von Engelberg, wie auch ihr Sieg beim Hahnenkamm-Rennen von Kitzbühel 1937 im Slalom und in der Kombination als erster Deutschen überhaupt sind als Lisa Resch`s herausragende Glanzpunkte in ihrer Karriere zu sehen. Hinzu sind die Podiumsplatzierungen bei den SDS-Rennen 1938 und 1939 in Grindelwald im Salom und der Kombination zu nennen. Sehr stark präsentierte sie sich auch bei den Weltmeisterschaften 1939 im polnischen Zakopane, wo sie sich nochmals kurz vor ihrem Karriereende die Silbermedaille im Abfahrtslauf und eine Bronzemedaille in der Kombination sichern konnte. Für wahr ein würdiger erfolgreicher Karriereabschluss.

Um so erschütternder ihr viel zu früher Tod zehn Jahre später mit nur 40 Jahren, verursacht durch einen Herzinfarkt.

19

# Lisa Resch

## Abfahrtslauf

| Event | Datum | Event - Ort | Platz 1 | Platz 2 | Platz 3 |
|-------|-------|-------------|---------|---------|---------|
| FIS-R/WM | 02.1934 | St. Moritz | | | Resch |
| FIS-R/ÖSM | 02.1937 | Innsbruck | | Resch | |
| WM | 03.1938 | Engelberg | Resch | | |
| WM | 02.1939 | Zakopane | | Resch | |

## Slalom

| Event | Datum | Event - Ort | Platz 1 | Platz 2 | Platz 3 |
|-------|-------|-------------|---------|---------|---------|
| FIS-R/WM | 02.1934 | St. Moritz | | Resch | |
| FIS-R/HAK | 01.1937 | Kitzbühel | | | |
| WM | 02.1937 | Chamonix | | | Resch |
| FIS-R/ÖSM | 02.1937 | Innsbruck | | Resch | |
| FIS-R/SDS | 01.1938 | Grindelwald | | Resch | |
| FIS-R/SDS | 01.1939 | Grinelwald | | | Resch |

## Kombination

| Event | Datum | Event - Ort | Platz 1 | Platz 2 | Platz 3 |
|-------|-------|-------------|---------|---------|---------|
| FIS-R/WM | 02.1934 | St. Moritz | | Resch | |
| FIS-R/HAK | 01.1937 | Kitzbühel | Resch | | |
| FIS-R/ÖSM | 02.1937 | Innsbruck | | Resch | |
| FIS-R/SDS | 01.1938 | Grindelwald | | | Resch |
| WM | 03.1938 | Engelberg | | Resch | |
| WM | 02.1939 | Zakopane | | | Resch |

**FIS-R/WM** - Weltmeisterschaft (galt 1934 noch als inoffizielle WM)
**FIS-R/ÖSM** - FIS-Rennen/Österreichische Ski Meisterschaft
**FIS-R/HAK** - FIS-Rennen/Hahnenkamm
**FIS-R/SDS** - FIS-Rennen/Schweizerischer Damen Skiclub

# Christl Franziska Antonia Cranz

01. Juli 1914 in Brüssel/Belgien - 28. September 2004 in Oberstaufen

Christl Cranz war die alles überragende Skirennfahrerin der 30-siger Jahre im vergangenen Jahrhundert. Heute würde man sagen, sie ist der Superstar der Szene gewesen. Geboren in Brüssel, verließ die Familie bei Ausbruch des 1. Weltkrieges 1914 Belgien und fand eine neue Bleibe in der Nähe von Reutlingen. Das Skifahren lernte Christl Cranz als Sechsjährige auf den Hügeln der Schwäbischen Alp. Die Eltern, vor allem die praktische Mutter erkannte das riesige Talent der Tochter, und so wählte die Familie als nächsten Wohnsitz Grindelwald im Berner Oberland. Hier gab es naturgemäß die optimalen Möglichkeiten, das Talent der zehnjährigen Tochter weiter zu vervollkommnen. In der Schweiz gewann Christl sämtliche Schüler- und Jugendrennen. Nach einem zweijährigen Aufenthalt in Grindelwald ändert die Familie mit den Kindern Christl und Rudi 1928 erneut ihren Wohnsitz. Diesmal geht der Weg der Familie nach Freiburg in die Nähe des Schwarzwalds, zumal dort auch die Verwandtschaft ansässig ist. 1931 mit ihren 17 Jahren beginnt dann ihr sensationeller Aufstieg. Nationale und internationaler Konkurrenz lernt sie das Fürchten. Ab dem Jahr 1934 gewinnt Christl Cranz so gut wie alles. Bei fünf Weltmeisterschaften von 1934 bis 1939 und den Olympischen Spielen 1936 gewann Christl Cranz 13-mal Gold- und drei Silbermedaillen. Weitere Erfolge in den hochrangigen FIS-Rennen Europas komplettierten die übervolle Erfolgsliste. Fünfzehn Titel bei Deutschen Meisterschaften, dreimal in der Abfahrt 1938 bis 1940, viermal im Slalom 1938 bis 1941 und achtmal in der Kombination 1934 bis 1941 unterstreichen ihre Dominanz.

Abrupt beendete Christl Cranz die sportliche Karriere, als ihr jüngerer Bruder Rudolf „Rudi", gleichfalls ein begnadeter Skirennfahrer und Mitglied in der Ski-Nationalmannschaft, im Russlandfeldzug 1941 fällt. Depressivität befällt sie. Mit gerade mal 27 Jahren hat sie keinen Spaß mehr am Sport. Die erfolgreichste Skirennfahrerin aller Zeiten gründet mit ihrem Mann, Adolf Borchert, den sie 1943 geheiratet hatte, nach Kriegsende die Christl-Cranz-Skischule in Steibis, einem Ortsteil von Oberstaufen.

Zu gleicher Zeit wirft man Christl Cranz eine zu groß gewesenen Nähe zum Nationalsozialismus und die NSDAP-Mitgliedschaft im Hitler-Reich vor. Dafür musste sie sich jetzt verantworten; mit der Konsequenz, das sie ihre Anstellung an der Universität von Freiburg aufgeben musste.

Aus der Öffentlichkeit zog sie sich nun weitgehend zurück. 1991 aber, 46 Jahre nach Kriegsende, wurde ihr die große Ehre zuteil, in die „Hall of Fame" des internationalen Frauensports aufgenommen zu werden. Mit 90 Jahren verstarb Christl Cranz in Oberstaufen an den Folgen eines Treppensturzes.

# Christl Franziska Antonia Cranz

## Abfahrtslauf

| Event | Datum | Event - Ort | Platz 1 | Platz 2 | Platz 3 |
|-------|-------|-------------|---------|---------|---------|
| FIS-R/WM | 02.1934 | St. Moritz | | Cranz | |
| FIS-R/WM | 02.1935 | Mürren | Cranz | | |
| FIS-R/SDS | 01.1937 | Grindelwald | Cranz | | |
| FIS-R/AKH | 01.1937 | Mürren | | Cranz | |
| WM | 02.1937 | Chamonix | Cranz | | |
| FIS-R/ÖSM | 02.1937 | Innsbruck | Cranz | | |
| FIS-R/SDS | 01.1938 | Grindelwald | Cranz | | |
| WM | 03.1938 | Engelberg | | Cranz | |
| WM | 02.1939 | Zakopane | Cranz | | |

## Slalom

| Event | Datum | Event - Ort | Platz 1 | Platz 2 | Platz 3 |
|-------|-------|-------------|---------|---------|---------|
| FIS-R/AKH | 01.1932 | St. Anton | | Cranz | |
| FIS-R/SDS | 01.1934 | Grindelwald | | | Cranz |
| FIS-R/WM | 02.1934 | St. Moritz | Cranz | | |
| FIS-R/WM | 02.1935 | Mürren | | Cranz | |
| OLS | 02.1936 | Garmisch-P. | Cranz | | |
| FIS-R/SDS | 01.1937 | Grindelwald | Cranz | | |
| FIS-R/AKH | 01.1937 | Mürren | Cranz | | |
| WM | 02.1937 | Chamonix | Cranz | | |
| FIS-R/ÖSM | 02.1937 | Innsbruck | Cranz | | |
| FIS-R/SSM | 01.1938 | Grindelwald | Cranz | | |
| WM | 03.1938 | Engelberg | Cranz | | |
| FIS-R/SDS | 01.1939 | Grindelwald | Cranz | | |
| WM | 02.1939 | Zakopane | Cranz | | |

**FIS-R/AKH** - FIS-Rennen/Arlberg Kandahar    **FIS-R/SDS** - FIS-Rennen/Schweizerischer Damen Skiclub
**FIS-R/WM** - Weltmeisterschaft ( galt 1934 und 1935 noch als infizielle  Weltmeisterschaft)
**FIS-R/ÖSM** - FIS-Rennen/Österreichische Meistersch.    **FIS-R/SSM** - FIS-Rennen/Schweizer Meistersch.

23

# Christl Franziska Antonia Cranz

## Kombination

| Event | Datum | Event - Ort | Platz 1 | Platz 2 | Platz 3 |
|---|---|---|---|---|---|
| FIS-R/AKH | 01.1932 | St. Anton | | Cranz | |
| FIS-R/WM | 02.1934 | St. Moritz | Cranz | | |
| FIS-R/WM | 02.1935 | Mürren | Cranz | | |
| OLS | 02.1936 | Garmisch-P. | Cranz | | |
| FIS-R/SDS | 01.1937 | Grindelwald | Cranz | | |
| FIS-R/AKH | 01.1937 | Mürren | Cranz | | |
| FIS-R/ÖSM | 02.1937 | Innsbruck | Cranz | | |
| WM | 02.1937 | Chamonix | Cranz | | |
| FIS-R/SDS | 01.1938 | Grindelwald | Cranz | | |
| FIS-R/SSM | 01.1938 | Grindelwald | Cranz | | |
| WM | 02.1938 | Engelberg | Cranz | | |
| FIS-R/FBG | 03.1938 | Feldberg | Cranz | | |
| FIS-R/SDS | 01.1939 | Grindelwald | Cranz | | |
| WM | 02.1939 | Zakopane | Cranz | | |

**WM** - Weltmeisterschaft
**OLS** - Olympische Spiele
**FIS-R/FBG** - FIS-Rennen/Feldberg-Rennen

24

# Hilde Doleschell

21. Februar 1915 in Reichenberg/Böhmen-19. April 2013 in Guelph/Kanada

Als Hilde Walterova startete sie bis zum Jahr 1936 für die Tschechoslowakei, ihrem Heimatland als ein Multitalent des Skisports, als Tennisspielerin und sogar im Hockeysport. Auch im Reitsport, Tischtennis und in der Leichtathletik feierte sie nennenswerte Erfolge. 1936/37 gesetzte sie ihre sportliche Karriere unter dem Namen Hilde Walter für Österreich fort, wo Hilde schon seit 1922 in Wien lebte, und um schließlich dem politischen Umstand geschuldet, ab dem Jahr 1938/39 für den DSV im Deutschen Reich an den Start zu gehen. Für die anstehenden Weltmeisterschaften 1939 von Zakopane in Polen konnte sich Hilde Walter nicht qualifizieren, aber schon fünf Wochen später in Kitzbühel bei den „Großdeutschen Meisterschaften" bewies sie bei dem starken deutschen Teilnehmerfeld mit Platz Drei im Slalom und in der Kombination, was in ihr steckt. Auch im März 1939 bestätigte sie ihre Leistungen mit drei dritten Rängen in Sankt Anton im Rahmen des Tschammerpokals. Im gleichen Jahr heiratet sie den Bäckermeister Fritz Doleschell, und wird als Hilde Doleschell bei der Wintersportwoche von Garmisch-Partenkirchen Zweite im Riesenslalom. Im zweiten Jahr des Krieges 1941 wird sie zeitgleich zusammen mit Rosemarie Proxauf Deutsche Meisterin im Abfahrtslauf. Schlagzeilen machte Hilde Doleschell auch, als sie sich im Jahr 1943 zur Deutschen Tennismeisterin in Braunschweig feiern lassen konnte. Und nach dem Kriege wieder für Österreich auf den Brettern, macht sie erneut Schlagzeilen mit einem Abfahrtssieg in Kitzbühel, als Österreichische Tennismeisterin von 1946 bis 1948 wie auch als Teilnehmerin der Tennismeisterschaften in Wimbledon und den French Open .

1950 wanderte Hilde Doleschell mit der Familie nach Kanada aus. Auch hier griff sie wieder zum Racket und wurde dreimal kanadischer Vize-Meisterin im Doppel. Nach Ende der langen sportlichen Karriere widmete sich die Familie der Zucht von Traber-Pferden. Hilde Doleschell starb im hohen Alter von 98 Jahren in einem Altenheim, von Medien und Öffentlichkeit kaum wahrgenommen.

# Hilde Doleschell

Abfahrtslauf

| Event | Datum | Event - Ort | Platz 1 | Platz 2 | Platz 3 |
|---|---|---|---|---|---|
| FIS-R/TMP | 03.1939 | St. Anton | | | Doleschell |

Slalom

| Event | Datum | Event-Ort | Platz 1 | Platz 2 | Platz 3 |
|---|---|---|---|---|---|
| FIS-R/GDM | 03.1939 | Kitzbühel | | | Doleschell |
| FIS-R/TMP | 03.1939 | St. Anton | | | Doleschell |
| FIS-R/GDM | 03.1940 | St. Anton | | | Doleschell |
| | | | | | |

Riesenslalom

| Event | Datum | Event - Ort | Platz 1 | Platz 2 | Platz 3 |
|---|---|---|---|---|---|
| FIS-R/WSW | 01.1940 | Garmisch-P. | | Doleschell | |
| | | | | | |

Kombination

| Event | Datum | Event - Ort | Platz 1 | Platz 2 | Platz 3 |
|---|---|---|---|---|---|
| FIS-R/GDM | 03.1939 | Kitzbühel | | | Doleschell |
| FIS-/TMP | 03.1939 | St. Anton | | | Doleschell |
| FIS-R/GDM | 03.1940 | St. Anton | | | Doleschell |

FIS-R/TMP - Tschammerpokal
FIS-R/GDM - Großdeutsche Meisterschaften
FIS-R/WSW - Wintersportwoche

# Helga Gödl

18. März 1915 in Kitzbühel – 23. Juli 2015 in Innsbruck

Die Kitzbühelerin startet ab 1939 nach dem Anschluss Österreichs an das Deutsche Reich 1938 für den Deutschen Ski Verband. Bei den Ersatzrennen für die im Januar 1939 wegen Schneemangel ausgefallenen Hahnenkamm-Rennen in Kitzbühel gewann Helga Gögl im Februar die Abfahrt, wurde Dritte des Slaloms und die Zweite in der Kombination. Von den guten Leistungen Helga Gödl`s in Kitzbühel beeindruckt, nominierte sie der Deutsche Skiverband neben anderen deutschen Läuferinnen wie Christl Cranz und Lisa Resch, auch Helga Gödl für die WM in Zakopane. Als ihren persönlichen Höhepunkt empfand sie die Bronzemedaille im Abfahrtslauf hinter ihren neuen Teamkolleginnen Cranz und Resch. Bei der Wintersport-Woche in Garmisch-Partenkirchen im Januar 1940 erreichte Helga Gödl ihre letzten Platzierungen auf dem Podium. Das Karriereende folgte, da sie sich für das deutsche Starter-Team zur geplanten Weltmeisterschaft 1941 in Cortina d´Ampezzo nicht qualifizieren konnte.

Abfahrtslauf

| Event | Datum | Event - Ort | Platz 1 | Platz 2 | Platz 3 |
|---|---|---|---|---|---|
| FIS-R/HAK | 02.1939 | Kitzbühel | Gödl | | |
| WM | 02.1939 | Zakopane | | | Gödl |
| FIS-R/WSW | 01.1940 | Garmisch-P. | | | Gödl |

Slalom

| Event | Datum | Event - Ort | Platz 1 | Platz 2 | Platz 3 |
|---|---|---|---|---|---|
| FIS-R/HAK | 02.1939 | Kitzbühel | | | Gödl |
| FIS-R/WSW | 01.1940 | Garmisch-P. | | | Gödl |

Kombination

| Event | Datum | Event - Ort | Platz 1 | Platz 2 | Platz 3 |
|---|---|---|---|---|---|
| FIS-R/HAK | 02.1939 | Kitzbühel | | Gödl | |
| FIS-R/WSW | 01.1940 | Garmisch-P. | | Gödl | |

FIS-R/HAK - FIS-Rennen/Hahnenkamm          FIS-R/WSW - FIS-Rennen/Wintersportwoche
WM        - Weltmeist

27

# Käthe Grasegger

19. Juni 1917 in Garmisch-Partenkirchen – 28. August 2001 in ebenda

Käthe Grasegger ist die Dritte im Bunde der starken und erfolgreichen deutschen Ski-Amazonen in den Anfangsjahren des Skirennsports neben Christl Cranz und Lisa Resch. Die in Partenkirchen geborene Käthe Grasegger gewann von 1935 bis 1939 bei den vier Weltmeisterschaften sieben Medaillen. Sie gehört auch heute noch zu den hervor zu hebenden Top Sportlern, was die an Anzahl der Medaillen betrifft. Aufmerksamkeit erregte sie erstmals bei den Weltmeisterschaften 1935 im schweizerischen Mürren mit jeweils Bronze im Slalom und der Kombination, und das mit ihren gerade mal Achtzehn Jahren. Im folgenden Jahr bei den Olympischen Winterspielen 1936 von Garmisch-Partenkirchen, auf dem Gudiberg gewann sie Silber in der Kombination und wurde Zweite im Slalom, der 1936 aber nicht mit einer olympischen Einzelmedaille belohnt wurde. Weitere Medaillen folgten bei den Welttitelkämpfen 1937 und 1938 von Chamonix und Engelberg in allen drei Disziplinen Abfahrt, Slalom und Kombination. Und allein sechs Plätze auf dem Podium erstritt sie sich bei den SDS-Damen-Skirennen in Grindelwald bei allen ihren Starts in den Jahren von 1934 bis 1939.

Nur einen ersten Podiumsplatz oder einen Titel konnte Käthe Grasegger nie besetzen oder gewinnen, weder national noch international.

Käthe Grasegger starb 2001 im Alter von 84 Jahren in ihrem Geburts- und Heimatort Garmisch-Partenkirchen.

# Käthe Grasegger

## Abfahrtslauf

| Event | Datum | Event - Ort | Platz 1 | Platz 2 | Platz 3 |
|-------|-------|-------------|---------|---------|---------|
| FIS-R/SDS | 01.1934 | Grindelwald | | | Grasegger |
| OLS | 02.1936 | Garmisch-P. | | | Grasegger |
| FIS-R/ÖSM | 02.1937 | Innsbruck | | | Grasegger |
| WM | 02.1937 | Chamonix | | | Grasegger |
| WM | 03.1938 | Engelberg | | | Grasegger |
| FIS-R/SDS | 01.1939 | Grindelwald | | | Grasegger |

## Slalom

| Event | Datum | Event - Ort | Platz 1 | Platz 2 | Platz 3 |
|-------|-------|-------------|---------|---------|---------|
| FIS-R/WM | 02.1935 | Mürren | | | Grasegger |
| OLS | 02.1936 | Garmisch-P. | | Grasegger | |
| FIS-R/ÖSM | 02.1937 | Innsbruck | | | Grasegger |
| WM | 02.1937 | Chamonix | | Grasegger | |
| FIS-R/SDS | 01.1938 | Grindelwald | | | Grasegger |
| FIS-R/SDS | 01.1939 | Grindelwald | | Grasegger | |

## Kombination

| Event | Datum | Event - Ort | Platz 1 | Platz 2 | Platz 3 |
|-------|-------|-------------|---------|---------|---------|
| FIS-R/WM | 02.1935 | Mürren | | | Grasegger |
| OLS | 02.1936 | Garmisch-P. | | Grasegger | |
| FIS-R/ÖSM | 02.1937 | Innsbruck | | | Grasegger |
| FIS-R/SDS | 01.1938 | Grindelwald | | Grasegger | |
| WM | 02.1938 | Engelberg | | | Grasegger |
| FIS-R/SDS | 01.1939 | Grindelwald | | Grasegger | |

| | | |
|---|---|---|
| **FIS-R/SDS** | - | FIS- Rennen/Schweizerische Damen Skiclub |
| **FIS-R/ÖSM** | - | FIS- Rennen/Österreichische Ski Meisterschaft |
| **OLS** | - | Olympische Spiele |
| **WM** | - | Weltmeisterschaft |
| **FIS-R/WM** | - | FIS-Rennen/Weltmeisterschaft ( WM bis 1936 inoffiziell ) |

# Rosemarie Gebler-Proxauf

25. Januar 1921 in Trautenau/Böhmen – .... Mai 2001 in Innsbruck

Die in Trautenau/Böhmen zur Welt gekommene Rosemarie Proxauf wuchs in Innsbruck auf und startete vor dem Anschluss Österreichs an das Deutsche Reich 1938 für den ÖSV, ( Österreichischer Skiverband ). Für die Farben Deutschlands und dem Deutschen Skiverband gelang ihr die Premiere beim international besetzten Starterfeld im Abfahrtslauf von Cervinia. Auch im Kriegsjahr 1941 errang sie Erfolge in der Abfahrt, dem Slalom und damit die Kombination im Rahmen des Tschammer- Pokals von St. Anton am Arlberg. Drei Riesenslalom-Siege in Lech, Innsbruck und Berchtesgaden deutete auf ihr großes Potenzial hin. Es war für Rosemarie Proxauf ein recht erfolgreiches 1941. Denn zudem sicherte sie sich in Garmisch-Partenkirchen den Deutschen Meistertitel in der Abfahrt, zeitgleich mit Hilde Doleschell, eine gleichfalls in Böhmen geborene Österreicherin. Rosemarie Proxauf wurde vom Deutschen Skiverband für die Weltmeisterschaft im gleichen Jahr in Cortina d`Ampezzo nominiert. Ihre Ergebnisse in Cortina, wie auch die von der wenigen anderen teilnehmenden Nationen wurden auf Grund des in 1941 fortdauernden Krieges im Jahr 1946 von der FIS annulliert.

Rosemarie Proxauf war mit Leonhard Gebler verheiratet, der noch am Ende des Krieges fiel. Nach der Geburt von zwei Töchtern startete sie später nochmals für Österreich recht erfolgreich , um 1952 endgültig die Rennski abzuschnallen.

# Rosemarie Gebler-Proxauf

## Abfahrtslauf

| Event | Datum | Event - Ort | Platz 1 | Platz 2 | Platz 3 |
|---|---|---|---|---|---|
| FIS-R | 01.1940 | Cervinia | Proxauf | | |
| FIS-R/TMP | 01.1941 | St. Anton | Proxauf | | |
| | | | | | |

## Slalom

| Event | Datum | Event - Ort | Platz 1 | Platz 2 | Platz 3 |
|---|---|---|---|---|---|
| FIS-R/TMP | 01.1941 | St. Anton | Proxauf | | |
| | | | | | |

## Riesenslalom

| Event | Datum | Event - Ort | Platz 1 | Platz 2 | Platz 3 |
|---|---|---|---|---|---|
| FIS-R | 01.1941 | Lech | Proxauf | | |
| FIS-R | 01.1941 | Innsbruck | Proxauf | | |
| FIS-R | 01.1941 | Berchtesgaden | Proxauf | | |

## Kombination

| Event | Datum | Event - Ort | Platz 1 | Platz 2 | Platz 3 |
|---|---|---|---|---|---|
| FIS-R/TMP | 01.1941 | St. Anton | Proxauf | | |
| | | | | | |

**FIS-R** - FIS-Rennen
**FIS-R/TMP** - FIS-Rennen/Tschammerpokal

# Hildesuse Gaertner

10. Februar 1923 in Freiburg – 10. Februar 2016 in ebenda

In Freiburg im Breisgau geboren, war sie eine Cousine von Christl und Rudi (Rudolf) Cranz. Bereits im Alter von vierzehn Jahren wurde sie ein Mitglied des deutschen Ski-Nationalkaders, und mit erst 15 wurde Hildesuse Gaertner für die Skiweltmeisterschaft 1938 in Engelberg nominiert. Vom Jahr 1949 an bis dato 1952 dekorierte sich Gaertner mit sieben Titeln einer Deutschen Meisterin. Dreimal in anno 1949, 1951 und 1952 als Siegerin des Slaloms, dreimal als Kombinationssiegerin 1950 bis 1952 und auch den Titel einer Siegerin in der Abfahrt 1950 gehörte zu ihren Meriten.

Der zweite Weltkrieg verhinderte eine sonst für sie wohl glänzend verlaufene Karriere. Im Krieg leistete sie den Dienst als Krankenschwester des Roten Kreuzes, zuständig für Versorgung und Betreuung verwundeter Soldaten.

In Grindelwald bei den SDS-Skirennen des Schweizerischen Damen Skiclubs hatte Hildesuse Gaertner noch einmal Gelegenheit ihr großes Talent und Können zu bestätigen. 1950 gewann sie den Riesen-Slalom und 1951 den Abfahrtslauf. Ihre letzten Rennen waren für sie die von Chamonix 1952, bei denen sie beim Arlberg Kandahar-Abfahrtslauf Zweite hinter Annemarie Buchner und in der Kombination Dritte wurde.

An der Universität von Freiburg hatte sie die Studiengänge für Philosophie, Naturgeschichte wie Zeitungswissenschaft belegt und promovierte mit dem Thema „Obst-Gemüseanbau in Freiburg und Umgebung". Später betätigte sich Gaertner als Journalistin, Reporterin wie auch Reise- Schriftstellerin. Lange Jahre brachte Sie sich in die regionale Politik Freiburgs ein. Hildesuse Gaertner verstarb an ihrem Geburtstag, 93- jährig in Freiburg.

# Hildesuse Gaertner

## Abfahrtslauf

| Event | Datum | Event - Ort | Platz 1 | Platz 2 | Platz 3 |
|---|---|---|---|---|---|
| FIS-R/AKH | 01.1950 | Mürren | | | Gaertner |
| FIS-R/SDS | 01.1951 | Grindelwald | Gaertner | | |
| FIS-R/AKH | 01.1951 | Sestriere | | | Gaertner |
| FIS-R/AKH | 02.1952 | Chamonix | | Gaertner | |

## Riesenslalom

| Event | Datum | Event - Ort | Platz 1 | Platz 2 | Platz 3 |
|---|---|---|---|---|---|
| FIS-R/SDS | 01.1950 | Grindelwald | Gaertner | | |
| | | | | | |

## Kombination

| Event | Datum | Event - Ort | Platz 1 | Platz 2 | Platz 3 |
|---|---|---|---|---|---|
| FIS-R/SDS | 01.1951 | Grindelwald | | | Gaertner |
| FIS-R/AKH | 02.1952 | Chamonix | | | Gaertner |

FIS-R/AKH - FIS-Rennen/Arlberg Kandahar

FIS-R/SDS - FIS-Rennen/Schweizerischer Damen Skiclub

33

# Annemarie „Mirl" Buchner

16. Februar 1924 in Ettal – 09. November 2014 in Grainau

Geboren wurde Annemarie Buchner im oberbayrischen Ettal. Und überall im Nachkriegs-Deutschland wurde unser erstes Ski-As nach dem Kriege liebevoll „Mirl" genannt. Erst recht, da Buchner für unsere junge Bundesrepublik bei den Olympischen Winterspielen 1952 in Oslo als dreifache Medaillengewinnerin nach Deutschland zurückkehrte. Doch auch bereits zuvor hatte Annemarie Buchner einige namhafte Skirennen gewonnen.

Zwischen 1944 bis 1949 gingen fünf Deutsche Meisterschaft an sie, im Slalom und je zweimal im Abfahrtslauf und in der Kombination. Wie schon erwähnt, ihre drei olympische Medaillen: Silber in der Abfahrt, Bronze im Slalom und Riesenslalom, wobei ihre olympischen Medaillengewinne parallel auch Weltmeisterschafts-Medaillen beinhalteten. Beeindruckend auch zwei Jahre später in 1954 der Riesenslalom-Sieg am Hahnenkamm von Kitzbühel, aber ebenso die Kandahar-Abfahrtssiege von Chamonix 1952 und Garmisch-Partenkirchen im Jahre 1954. Hier in Garmisch-Partenkirchen, ein weiteres Glanzstück in ihrer Karriere, gewann Buchner alle drei Konkurrenzen: Die Abfahrt, den Slalom und die Kombination.

Nach sportlichen und glänzenden Laufbahn betrieb „Mirl" Buchner in Garmisch-Partenkirchen ein Sportgeschäft. Für ihre Verdienste um den Sport wurde sie zur „Sportlerin des Jahres 1948" gewählt. Im 91. Lebensjahr 2014 stirbt Annemarie Buchner in Grainau.

# Annemarie „Mirl" Buchner

## Abfahrtslauf

| Event | Datum | Event - Ort | Platz 1 | Platz 2 | Platz 3 |
|-------|-------|-------------|---------|---------|---------|
| FIS-R/AKH | 01.1952 | Chamonix | Buchner | | |
| OLS/WM | 02.1952 | Oslo | | Buchner | |
| FIS-R/AKH | 01.1954 | Garmisch-P. | Buchner | | |

## Slalom

| Event | Datum | Event - Ort | Platz 1 | Platz 2 | Platz 3 |
|-------|-------|-------------|---------|---------|---------|
| FIS-R/WSW | 01.1952 | Garmisch-P. | Buchner | | |
| OLS/WM | 02.1952 | Oslo | | | Buchner |
| FIS-R/AKH | 01.1954 | Garmisch-P. | Buchner | | |

## Riesenslalom

| Event | Datum | Event - Ort | Platz 1 | Platz 2 | Platz 3 |
|-------|-------|-------------|---------|---------|---------|
| OLS/WM | 02.1952 | Oslo | | | Buchner |
| FIS-R/HAK | 01.1954 | Kitzbühel | Buchner | | |

## Kombination

| Event | Datum | Event - Ort | Platz 1 | Platz 2 | Platz 3 |
|-------|-------|-------------|---------|---------|---------|
| FIS-R/AKH | 01.1954 | Garmisch-P. | Buchner | | |
| | | | | | |

FIS-R/AKH  -  FIS-Rennen/Arlberg Kandahar
OLS/WM  -  Olympische Spiele /Weltmeisterschaft
FIS-R/HAK  -  FIS-Rennen/Hahnenkamm

35

# Rosa „Ossi" Reichert

## 25. Dezember 1925 in Gunzesried/Allgäu – 16. Juli 2006 in Blaichach/Allgäu

In Gunzesried im Allgäu geboren, zählte auch „Ossi" Reichert wie zehn Jahre zuvor Christl Cranz zu den ganz Großen der alpine Szene ihrer Zeit in Deutschland. Schon 1952 bei den Olympischen Winterspielen in Oslo löste ihre Silbermedaille zusammen mit „Mirl" Buchners Medaille in Bronze im gleichen Rennen des Slaloms ungeahnte Begeisterung im Nachkriegs-Deutschland aus. Zwei Jahre später 1954 folgte ein Slalom- Sieg in Grindelwald bei den seit 1929 etablierten SDS-Rennen (Damen-Skirennen des Mürren- und Grindelwalder Damenski-Clubs) im Berner Oberland. Danach drohte „Ossi" Reichert das Karriereende, denn eine langwierige Knöchelverletzung ließ lange kein mehr Training zu. Um so mehr überraschte 1956 ihr Olympiasieg eingeschlossen die der Weltmeisterschaft von Cortina d`Ampezzo im Riesenslalom vor Josefa Frandl aus unserem Nachbarland Österreich. Es war die erste und einzige Medaille in Gold für das gesamtdeutsche Olympiateam nach dem 2. Weltkrieg. Im selben Jahr krönte „Ossi" Reichert ihre erfolgreiche Karriere mit den drei Deutschen Meistertiteln im Riesenslalom, dem Slalom und mit dem Kombinationssieg. Nach dieser zwar kurzen, aber dafür imposanten Karriere kümmerte sie sich um das elterliche Hotel in Gunzesried. Schon im März 1952 wurde sie für ihre sportlichen Leistungen mit dem „Silbernen Lorbeerblatt" des Bundespräsidenten ausgezeichnet. „Ossi" Reichert starb im Sommer 2006 in Blaichach/Allgäu.

# Rosa „Ossi" Reichert

## Slalom

| Event | Datum | Event – Ort | Platz 1 | Platz 2 | Platz 3 |
|-------|-------|-------------|---------|---------|---------|
| FIS-R/WSW | 01.1952 | Garrmisch-P. | | | Reichert |
| OLS/WM | 02.1952 | Oslo | | Reichert | |
| FIS-R/SDS | 01.1954 | Grindelwald | Reichert | | |
| | | | | | |

## Riesenslalom

| Event | Datum | Event - Ort | Platz 1 | Platz 2 | Platz 3 |
|-------|-------|-------------|---------|---------|---------|
| OLS/WM | 02.1956 | Cortina d`Amp. | Reichert | | |
| | | | | | |

## Kombination

| Event | Datum | Event - Ort | Platz 1 | Platz 2 | Platz 3 |
|-------|-------|-------------|---------|---------|---------|
| FIS-R/SDS | 01.1953 | Grindelwald | | | Reichert |
| | | | | | |

FIS-R/WSW  -  FIS-Rennen / Wintersportwoche
FIS-R/SDS  -  FIS-Rennen / Schweizerischer Damen Skiclub
OLS/WM  -  Olympische Spiele / Weltmeisterschaft

# Hannelore „Halo" Glaser-Franke

04. Januar 1933 in Fürth/Oberfranken –

19 Jahre jung nahm sie an den Olympischen Winterspielen 1952 von Oslo teil und wurde dort Zehnte im Abfahrtslauf. Vier Jahre darauf bei den Spielen in Cortina d 'Ampezzo 1956 war es Rang 14. Hannelore, von den Freunden auch „Halo" genannt gehörte in der Nachkriegszeit zu Anfang der Fünfziger bis zur Mitte des Jahrzehnts zu unseren besten Alpinen der ersten Stunde, mit dem Format, der internationalen Konkurrenz Paroli zu bieten. Hannelore Glaser-Franke erlebte ihre Sternstunden im Januar 1950 in Kitzbühel, als ihr ein Erfolg im Slalom und der Abfahrtslauf am Hahnenkamm nicht zu nehmen war. Ihre gute Form nahm sie auch mit in die neue Saison 1951/52, denn in Lech am Arlberg siegte Glaser-Franke wiederum in einer Abfahrt, wurde zu dem Dritte im Slalom und Zweite der Kombination im Rahmen des „Westen-Pokals". Auch drei Deutsche Meistertitel in der Abfahrt 1952 und 1956, wie im Slalom 1955 sicherte sie sich. Kurz vor dem Karriereende zeigte sie noch einmal ihre ganze Klasse mit einem dritten Abfahrtsrang in Kitzbühel. - Nach Beendigung ihrer Karriere ist Hannelore Glaser-Franke Bürgerin Salzburgs geworden.

## Abfahrtslauf

| Event | Datum | Event - O rt | Platz 1 | Platz 2 | Platz 3 |
|---|---|---|---|---|---|
| FIS-R/HAK | 03.1950 | Kitzbühel | Franke | | |
| FIS-R/WNP | 01.1951 | Lech/Arlberg | | Franke | |
| FIS-R/HAK | 01.1956 | Kitzbühel | | | Franke |

## Slalom

| Event | Datum | Event-Ort | Platz 1 | Platz 2 | Platz 3 |
|---|---|---|---|---|---|
| FIS-R/HAK | 01.1950 | Kitzbühel | Franke | | |
| FIS-R/WNP | 01.1951 | Lech/Arlberg | | | Franke |

## Kombination

| Event | Datum | Event-Ort | Platz 1 | Platz 2 | Platz 3 |
|---|---|---|---|---|---|
| FIS-R/HAK | 03.1950 | Kitzbühel | | | Franke |
| FIS-R/WNP | 01.1951 | Lech/Arlberg | | Franke | |

**FIS-R/HAK** - FIS-Rennen/Hahnenkamm          **FIS-R/WNP** - FIS-Rennen/Westenpokal

# Evi Lanig

24. Oktober 1933 in Hindelang/Oberallgäu

Evi Lanig ist die Schwester von Silbermedaillengewinner der Abfahrt der Olympischen Winterspiele 1960 von Squaw Valley, Hans-Peter Lanig. Um es vorweg zunehmen, ihren spektakulärsten Erfolg gelang Evi Lanig 1956 in Grindelwald, wo sie bei den SDS- Damenrennen des alt ehrwürdigen Skiclubs den Riesenslalom vor Giuliana Minuzzo aus Italien und Madaleine Berthod aus der Schweiz für sich entscheidet. Auch bei der Wintersportwoche 1952 in Garmisch-Partenkirchen wusste sie zu überzeugen, denn hier belegt sie bei der international besetzten Slalom-Konkurrenz und dem Dreifacherfolg von Deutschlands Damen durch Buchner, Rang Zwei vor „Ossi" Reichert. Im selben Jahr der Olympischen Winterspiele in Oslo konnte sie sich mit Platz 9 unter die TOP 10 platzieren. Großes Pech widerfuhr Evi Lanig beim Training, kurz vor der feierlichen Eröffnung der Spiele von 1956 in Cortina d´Ampezzo. Mit einem gebrochenem Unterarm marschierte sie mit der Mannschaft zwar ins Olympiastadion, aber für Evi Lanig war die aktive Teilnahme am größten Sportevent der Welt nicht möglich. Sechs Deutsche Meistertitel innerhalb der Jahre von 1953 bis 1955 hatte sie sich davor sichern können.

## Slalom

| Event | Datum | Event - Ort | Platz 1 | Platz 2 | Platz 3 |
|-------|-------|-------------|---------|---------|---------|
| FIS-R/WSW | 01.1952 | Garmisch- P. | | Lanig | |
| FIS-R/AKH | 01.1955 | Mürren | | Lanig | |
| FIS-R/HAK | 01.1955 | Kitzbühel | | | Lanig |

## Riesenslalom

| Event | Datum | Event - Ort | Platz 1 | Platz 2 | Platz 3 |
|-------|-------|-------------|---------|---------|---------|
| FIS-R/SDS | 01.1956 | Grindelwald | Lanig | | |

## Kombination

| Event | Datum | Event – Ort | Platz 1 | Platz 2 | Platz 3 |
|-------|-------|-------------|---------|---------|---------|
| FIS-R/HAK | 01.1955 | Kitzbühel | | Lanig | |

FIS-R/SDS - Schweizerischer Damen Skiclub      FIS-R/AKH - Arlberg Kandahar
FIS-R/HAK - Hahnenkamm      FIS-R/WSW - Wintersportwoche

# Hannelore Basler

04. November 1936 in Ulm –

Hannelore Basler gehörte ebenso wie Hannelore Glaser-Franke, Sonja Sperl und Evi Lanig zu den alpinen Damen, die nach dem Krieg das Erbe ihrer erfolgreichen Vorgängerinnen „Mirl" Buchner und „Ossi" Reichert antreten sollten. Bei Hannelore Basler sprach auch vieles dafür. Aber ihre Rennkarriere sollte nicht sehr lange dauern. 1957 wurde sie Deutsche Meisterin im Riesenslalom und auch in der Kombination. Auch ließ im selben Jahr der erste große internationale Erfolg nicht lange auf sich warten. In Chamonix konnte Hannelore Basler beim Kandahar Abfahrtslauf den zweiten Platz belegen. Knapp zwei Jahre später gelang ihr 1959 noch ein Achtungserfolg in Kitzbühel mit dem dritten Rang in der Kombination. Im Jahr 1958 gar war Hannelore Basler 4-fache Deutsche Meisterin in Abfahrt, Slalom, Riesenslalom und in der Kombination. Ein Novum. Mit diesen Ergebnissen weckte Basler große Erwartungen beim DSV, und zuletzt auch für sich selbst. Aber ständige Rückenprobleme bremsten sie in der Folge immer wieder aus.

Zu ihrem großen Kummer  musste sie auf die Teilnahme an den Olympischen Winterspielen von 1960 in Squaw Valley verzichten und trat notgedrungen vom aktiven Leistungssport zurück. Bis 1998 war sie als Geschäftsführerin in einem Pharmaunternehmen in Eberbach am Neckar tätig.

## Abfahrtslauf

| Event | Datum | Event - Ort | Platz 1 | Platz 2 | Platz 3 |
|---|---|---|---|---|---|
| FIS-R/AKH | 03.1957 | Chamonix | | Basler | |
| | | | | | |

## Kombination

| Event | Datum | Event – Ort | Platz 1 | Platz 2 | Platz 3 |
|---|---|---|---|---|---|
| FIS-R/HAK | 01.1959 | Kitzbühel | | | Basler |
| | | | | | |

FIS-R/AKH - FIS-Rennen/Arlberg Kandahar
FIS-R/HAK - Fis-Rennen/Hahnenkamm

# Sonja Sperl

03. Dezember 1936 in Bayrisch-Eisenstein – 13. August 2020 in ebenda

Sonja Sperl, geboren in Bayrisch-Eisenstein, war die erste Rennläuferin aus dem Bayrischen Wald, die ein Mitglied der deutschen Ski-Nationalmannschaft wurde. Den bemerkenswertesten Auftritt gelingt Sonja Sperl 1960 bei den Olympischen Winterspielen von Squaw Valley, als sie als Siebente des Abfahrtslaufs, Achte des Riesenslaloms und Neunte des Slaloms die Silbermedaille in der Alpinen Dreier-Kombination hinter Anne Heggtveit aus Kanada für Deutschland gewann. Eine Weltmeisterschaftsmedaille, die aber zu jener Zeit nicht als olympische Disziplin galt. Aber schon im Jahr 1956 fiel Sonja Sperl auf, als die 20-jährige mit der hohen Startnummer 43 die 16. Hahnenkamm-Abfahrt sensationell vor einer der großen Favoritinnen Lucy Wheeler für sich entscheiden konnte. Zeitnehmer staunten und überprüften mehrfach ihre Uhren. Im Januar 1959 feierte sie mit dem Sieg im Riesenslalom von St. Moritz und dem dritten Platz im Slalom schöne Erfolge. Und 1960, dem Jahr ihres frühen Rücktritts gelang noch einmal der Sprung aufs Podest mit einem zweiten Platz in der Kombinationswertung bei den angesagten SDS-Rennen in Grindelwald. Anzumerken noch das Sonja Sperl 1957 im Slalom und 1959 im Slalom und in der Kombination Deutsche Meisterin wurde.

Zu dieser Zeit, Ende der 50er-Jahre war an eine für Profi ähnliche Vergütung im alpinen Rennsport noch nicht zu denken. Aus eben diesen Gründen, konnte Sonja Sperl als Amateurin sich die weiten Reisen zu den Orten der internationalen Rennen nicht finanzieren konnte, trat sie 1960 mir ihren erst 24 Jahren vom Wettkampfsport zurück. Heiratete, gründete eine Skischule, wurde Mutter einer Tochter und betrieb eine Pension. Sonja Sperl verstarb am 13. August 2020 in ihrem Geburtsort Bayrisch-Eisenstein.

# Sonja Sperl

## Abfahrtslauf

| Event | Datum | Event - Ort | Platz 1 | Platz 2 | Platz 3 |
|---|---|---|---|---|---|
| FIS -R/HAK | 01.1956 | Kitzbühel | Sperl | | |
| | | | | | |

## Slalom

| Event | Datum | Event - Ort | Platz 1 | Platz 2 | Platz 3 |
|---|---|---|---|---|---|
| FIS-R/AHK | 02.1959 | Garmisch-P. | | | Sperl |
| | | | | | |

## Riesenslalom

| Event | Datum | Event - Ort | Platz 1 | Platz 2 | Platz 3 |
|---|---|---|---|---|---|
| FIS-R/DWB | 01.1959 | St. Moritz | Sperl | | |
| | | | | | |

## Kombination

| Event | Datum | Event - Ort | Platz 1 | Platz 2 | Platz 3 |
|---|---|---|---|---|---|
| FIS-R/SDS | 01.1960 | Grindelwald | | Sperl | |
| WM | 02.1960 | Squaw Valley | | Sperl | |
| | | | | | |

**FIS-R/HAK** - FIS-Rennen/Hahnenkamm
**FIS-R/SDS** - FIS-Rennen/Schweizerischer Damen Skiclub
**WM** - Weltmeisterschaft
**FIS-R/DWB** - Das weiße Band
**FIS-R/AKH** - FIS-Rennen / Arlberg Kandahar

# Barbara „Barbi" Henneberger

04. Oktober 1940 in Oberstaufen – 12. April 1964 bei St. Moritz

Barbara Henneberger war die sportliche Konkurrentin unserer Gold- Heidi Biebl in den 60ziger-Jahren. Immer ein reizvolles Duell um den Erfolg, da beide fast gleich alt und in Oberstaufen geboren waren. Mit Barbara Henneberger verbindet sich Präsens, Erfolg und große Tragik.

Schon in ganz jungen Jahren deutete sich ihr riesiges Talent und das künftige Potenzial für den alpinen Skisport in Deutschland an. Und als zweifache Bronze-Medaillengewinnerin bei den Olympischen Winterspielen von Squaw Valley 1960 machte sie auch erstmals auf sich aufmerksam, und zusammen mit Heidi Biebls Goldmedaille in der Abfahrt brach riesiger Jubel in Oberstaufen aus. In den vier Jahren bis zu Hennebergers tragischen Tod eilte sie von Erfolg zu Erfolg. Zu den Bronzemedaillen Squaw Valley's im Slalom und in der Kombination sammelte sie Siege und Podiumsplätze in Grindelwald, Chamonix, Sestriere, Arosa, Bad Gastein, Val d'Isere, Innsbruck und zuletzt in den Rennen von Garmisch-Partenkirchen.

Die Rennsaison von 1963/1964 war bereits beendet, aber unser deutscher Ex-Rennläufer Willy Bogner hatte für den April ein dokumentarisches Filmprojekt unter dem Titel „Skifaszination" mit vierzehn Alpinen der Weltklasse geplant und umgesetzt. Am vorletzten Drehtag brach bei St. Moritz ein riesiges Schneebrett los, dem ein zweites Lawinenbrett am Gegenhang folgte. Besonders schicksalhaft, das Barbi Henneberger und der Amerikaner Buddy Werner sich schon aus dem Gefahrenbereich der ersten Schneebrett-Lawine entfernen konnten, dann aber von der Gegenhang-Lawine begraben wurden. Zwölf Läufern gelang es, sich aus den nassen Schneemassen zu befreien. Für Barbara Henneberger und Buddy Werner kam aber jede Hilfe zu spät.

# Barbara „Barbi" Henneberger

## Abfahrtslauf

| Event | Datum | Event - Ot | Platz 1 | Platz 2 | Platz 3 |
|---|---|---|---|---|---|
| FIS-R/SIK | 01.1962 | Bad Gastein | | Henneberger | |
| FIS-R/SDS | 03.1962 | Arosa | Henneberger | | |
| FIS-R/SDS | 01.1963 | Grindelwald | Henneberger | | |
| FIS-R/VOT | 02.1963 | Innsbruck | | Henneberger | |

## Slalom

| Event | Datum | Event - Ort | Platz 1 | Platz 2 | Platz 3 |
|---|---|---|---|---|---|
| FIS-R/SDS | 01.1959 | Grindelwald | | Henneberger | |
| OLS/WM | 02.1960 | Squaw Valley | | | Henneberger |
| FIS-R/AKH | 03.1960 | Sestiere | | Henneberger | |
| FIS-R/AKH | 03.1962 | Sestriere | | Henneberger | |
| FIS-R/SDS | 01.1963 | Grindelwald | Henneberger | | |
| FIS-R/SDS | 03.1963 | Chamonix | | Henneberger | |
| FIS-R/AKH | 02.1964 | Garmisch-P. | | | Henneberger |

FIS-R/SIK   - FIS-Rennen/Silberkrug
OLS/WM   - Olympische Spiele/Weltmeisterschaft
FIS-R/HAK   - FIS-Rennen/Hahnenkamm
FIS-R/SDS   - FIS-Rennen/Schweizerischer Damen Skiclub
FIS-R/VOT   - FIS-Rennen/Vor Olympischer Test

# Barbara „Barbi" Henneberger

## Riesenslalom

| Event | Datum | Event - Ort | Platz 1 | Platz 2 | Platz 3 |
|-------|-------|-------------|---------|---------|---------|
| FIS-R/SDS | 01.1961 | Grindelwald | | | Henneberger |
| FIS-R | 03.1962 | Arosa | Henneberger | | |
| FIS-R/KES | 12.1962 | Val d´Isere | Henneberger | | |
| FIS-R | 02.1963 | Maria Zell | Henneberger | | |

## Kombination

| Event | Datum | Event - Ort | Platz 1 | Platz 2 | Platz 3 |
|-------|-------|-------------|---------|---------|---------|
| WM | 02.1960 | Squaw Valley | | | Henneberger |
| FIS-R/SDS | 01.1961 | Grindelwald | | | Henneberger |
| FIS-R | 03.1962 | Arosa | Henneberger | | |
| FIS-R/KES | 12.1962 | Val d´Isere | Henneberger | | |
| FIS-R/SDS | 01.1963 | Grindelwald | Henneberger | | |
| FIS-R | 02.1963 | Maria Zell | Henneberger | | |
| FIS-R/AKH | 03.1963 | Chamonix | | Henneberger | |
| FIS-R/AKH | 02.1964 | Garmisch-P. | | | Henneberger |

**WM**    - Weltmeisterschaft
**FIS-R/KES** - FIS-Rennen/Kriterium des ersten Schnee
**FIS-R/AKH** - FIS-Rennen/Arlberg Kandahar
**FIS-R/SDS** - FIS-Rennen/Schweizerischer Damen Skiclub

# Heidi Mittermaier

28. Januar 1941 in Reit im Winkel –

Heidi Mittermaier ist Schwester der Doppel-Olympiasiegerin 1976 von Innsbruck „Rosi" Mittermaier, wie auch die von Evi Mittermaier, gleichfalls Skirennläuferin. Heidi Mittermaier nahm an den Weltmeisterschaften 1962 in Chamonix und 1966 in Portillio in den Anden von Chile teil. Ebenso startete sie für Deutschland bei Olympia Innsbruck 1964 in der Abfahrt, im Slalom und im Riesenslalom. Viermal gewann Evi Mittermaier den Deutschen Meistertitel: im Jahr 1963 im Slalom und in der Kombination, 1966 im Riesenslalom und nochmals den Kombinationstitel. International erfolgreich konnte sie sich erstmals mit einem Slalomsieg 1959 bei den Damenskirennen in Grindelwald vor ihrer Teamkollegin Barbara Henneberger präsentieren. Nochmals aufs Podest sprang Mittermaier mit dem dritten Rang im Kandahar-Slalom von Sestriere.

Heidi Mittermaier gehörte im Jahre 1964 auch zu jener Gruppe von vierzehn Rennfahrern, welche in Willy Bogners Film „Skifascitnation" mitwirkten und den Lawinenabgang bei St. Moritz mit sehr viel Fortune überlebte. Dieses Glück fehlte bekanntlich den Skikameraden Barbara Henneberger und dem Amerikaner Buddy Werner aus den USA.

## Slalom

| Event | Datum | Event - Ort | Platz 1 | Platz 2 | Platz 3 |
|-------|-------|-------------|---------|---------|---------|
| FIS-R/SDS | 01.1959 | Grindelwald | Mittermaier | | |
| FIS-R/AKH | 03.1960 | Sestriere | | | Mittermaier |

FIS-R/AKH - FIS-Rennen/Arlberg Kandahar
FIS-R/SDS - FIS-Rennen/Schweizerischer Damen Skiclub

# Heidi Biebl

17. Februar 1941 in Oberstaufen -

Von Anfang der 60-er Jahre bis zur Mitte, sechs Jahre lang bestimmte Heidi Biebl, anfangs noch mit Barbara Henneberger den Skirennsport in Deutschland; aber auch auf den internationalen Pisten. Viele Siege, viele Podiumsplätze in allen vier Disziplinen des alpinen Skisports konnte die in Oberstaufen geborene Heidi Biebl für sich, den DSV und unser Land entscheiden. Aber populär machte sie der unerwartete Olympia- Sieg und Weltmeistertitel 1960 in Squaw Valley. Und von diesem Tage an hieß sie in Deutschland nur noch unsere „Gold Heidi". Für eine der erfolgreichsten Alpinen bei den SDS-Rennen in Grindelwald wurde Heidi Biebl 1965 für ihre drei Kombination-Erfolge neben den Vorgängerinnen Madeleine Berthod und Christl Cranz mit dem Preis des „Großen Bambi" geehrt, der als die höchste Anerkennung für die SDS-Rennen galt. Mehrfach-Siegen aber nicht nur in Grindelwald. Denn auch in Sestriere, St. Anton, Bad Wiessee, Arosa, Mauricienne, Val d`Isere und Portillio stand Heidi Biebl oft mehr als einmal ganz oben auf dem Podest. - Es war Biebl's Physis und ihre Technik, mit der sie in allen drei Einzel-Disziplinen Siege verbuchen konnte. In den Jahren von 1959 bis 1965 gewann Heidi Biebl 13 Deutsche Meistertitel: Dreimal die Abfahrt, den Slalom dreimal, viermal den Riesenslalom und dreimal die Kombination.

Differenzen mit dem Deutschen Ski Verband führten am Ende zum bedauerlichen Entschluss von Heidi Biebl, die Karriere mit ihren erst 25 Jahren 1966 zu beenden. Sie ließ sich zur Skilehrerin ausbilden und eröffnete eine Ski-Schule mit einem Hotel für Schroth- Kuren als zweitem Standbein.

# Heidi Biebl

## Abfahrtslauf

| Event | Datum | Event - Ort | Platz 1 | Platz 2 | Platz 3 |
|---|---|---|---|---|---|
| FIS-R/SDS | 01.1959 | Grindelwald | | Biebl | |
| OLS/WM | 02.1960 | Squaw Valley | Biebl | | |
| FIS-R/SDS | 01.1961 | Grindelwald | Biebl | | |
| FIS-R/SIK | 01.1961 | Bad Gastein | | Biebl | |
| FIS-/AKH | 03.1961 | Mürren | | Biebl | |
| FIS-R/SDS | 01.1962 | Grindelwald | | Biebl | |
| FIS-R/LAP | 03.1963 | Levi | Biebl | | |
| FIS-R/SDS | 01.1965 | Grindelwald | | | Biebl |
| FIS-R/AKH | 01.1965 | St. Anton | | | Biebl |
| FIS-R/VWT | 08.1965 | Portillio | Biebl | | |

## Slalom

| Event | Datum | Event - Ort | Platz 1 | Platz 2 | Platz 3 |
|---|---|---|---|---|---|
| FIS-R/SDS | 01.1961 | Grindelwald | | | Biebl |
| FIS-R/SIK | 01.1961 | Bad Gastein | | Biebl | |
| FIS-R/GGD | 02.1961 | Zermatt | | | Biebl |
| FIS-R/AKH | 03.1961 | Mürren | | Biebl | |
| FIS-R/SDS | 01.1962 | Grindelwald | | Biebl | |
| FIS-R/AKH | 03.1962 | Sestriere | Biebl | | |
| FIS-R/LAP | 03.1963 | Levi | Biebl | | |
| FIS-R/STP | 01.1965 | Oberstaufen | | | Biebl |
| FIS-R/SDS | 01.1965 | Grindelwald | Biebl | | |
| FIS-R/AKH | 01.1965 | St. Anton | Biebl | | |
| FIS-R | 01.1965 | Bad Wiessee | Biebl | | |
| FIS-R/GGD | 02.1965 | Zermatt | Biebl | | |

# Heidi Biebl

## Riesenslalom

| Event | Datum | Event - Ort | Platz 1 | Platz 2 | Platz 3 |
|---|---|---|---|---|---|
| FIS-R/KES | 12.1961 | Val d'Isere | Biebl | | |
| FIS-R/SIK | 01.1962 | Bad Gastein | | | Biebl |
| FIS-R/GPX | 03.1962 | Mauricienne | Biebl | | |
| FIS-R | 03.1965 | Arosa | Biebl | | |
| FIS-R/VMT | 08.1965 | Portillio | Biebl | | |

## Kombination

| Event | Datum | Event-Ort | Platz 1 | Platz 2 | Platz 3 |
|---|---|---|---|---|---|
| FIS-R/SDS | 01.1961 | Grindelwald | Biebl | | |
| FIS-R/AKH | 03.1961 | Mürren | Biebl | | |
| FIS-R/KES | 12.1961 | Val d'Isere | Biebl | | |
| FIS-R/SDS | 01.1962 | Grindelwald | Biebl | | |
| FIS-R/AKH | 03.1962 | Sestriere | | Biebl | |
| FIS-R/STP | 01.1964 | Oberstaufen | | | Biebl |
| FIS-R/SDS | 01.1965 | Grindelwald | Biebl | | |
| FIS-R/AKH | 01.1965 | St. Anton | | Biebl | |
| FIS-R/GGD | 02.1965 | Zermatt | Biebl | | |
| FIS-R/VMT | 08.1965 | Portillio | Biebl | | |

FIS-R/SDS - FIS-Rennen/Schweizerischer Damen Skiclub
OLS/WM - Olympische Spiele /Weltmeisterschaft
FIS -R/SIK - FIS-Rennen/SIlberkrug
FIS-R/AKH - FIS-Rennen/Arlberg Kandahar
FIS-R/LAP - FIS-Rennen/Lapplandpokal
FIS-R/VMT - FIS-Rennen/Vor Weltmeisterschafts-Test
FIS-R/STP - FIS-Rennen/Staufenpokal
FIS-R/KES - FIS-Rennen/Kriterium des Ersten Schnee
FIS-R/GPX - FIS-Rennen/Grand Prix
FIS-R/GGD - FIS-Rennen/Gornergrat Derby
FIS-R/GPX - FIS-Rennen/Grand Prix

# Sieglinde Bräuer

**13. September 1942 in Bad Hofgastein – 19. Februar 2012 in Piesendorf**

Als die aus dem österreichischen Bad Gastein stammende Sieglinde Bräuer sich nach ihren für ihr Land Österreich errungenen Erfolge nicht mehr im Team für die anstehende Weltmeisterschaft von 1966 in Portillio/Chile wiederfand, wechselte in aller Eile kurzer Hand zum Deutschen Ski Verband. Da sie in Bad Reichenhall beruflich tätig war, ging es den Statuten nach schnell und unkompliziert, um für Deutschland ab der Saison 1965/66 an den Start zu gehen. In der noch kurzen Zeit bis zu ihrem Karriere-Ende gelangen ihr noch sieben Siege und zwei weitere Platzierungen auf dem Podest. Hervor zu heben sind hier die Erfolge in allen drei Disziplinen, dem Slalom, Riesenslalom und der Kombination im Rahmen des 3-Pistenrennens von Saalbach. An der Weltmeisterschaft im Sommer in Chile nahm sie aber nicht mehr teil, denn Sieglinde Bräuer erwartete ein Baby und hat ihre Rennkarriere für den deutschen Verband später nicht mehr fortgesetzt.

### Slalom

| Event | Datum | Event - Ort | Platz 1 | Platz 2 | Platz 3 |
|---|---|---|---|---|---|
| FIS-R/3PR | 01.1966 | Saalbach | Bräuer | | |
| FIS-R | 01.1966 | Zell am See | Bräuer | | |
| FIS-R | 02.1966 | Zermatt | | Bräuer | |
| FIS-R | 03,1966 | Arosa | | Bräuer | |

### Riesenslalom

| Event | Datum | Event - Ort | Platz 1 | Platz 2 | Platz 3 |
|---|---|---|---|---|---|
| FIS-R/3PR | 01.1966 | Saalbach | Bräuer | | |
| FIS-R | 01.1966 | Saalfelden | Bräuer | | |
| FIS-R | 03.1966 | Are | Bräuer | | |
| FIS-R | 04.1966 | Zürs | Bräuer | | |

### Kombination

| Event | Datum | Event - Ort | Platz 1 | Platz 2 | Platz 3 |
|---|---|---|---|---|---|
| FIS-R/3PR | 01.1966 | Saalbach | Bräuer | | |

**FIS-R/3PR** - FIS-Rennen/3-Pistenrennen

# Christa Prinzing

Ende 1944/Anfang 45 in Kranzegg/Oberallgäu –

Hinsichtlich des genaueren Geburtsdatums von Christa Prinzing bestehen wohl Zweifel, und vielleicht den Kriegswirren zum Ende des Krieges 1945 geschuldet. 1965 wurde Christa Prinzing in den vier Standartdisziplinen, von Abfahrt, Slalom, Riesenslalom und Kombination „nur" Deutsche Vizemeisterin. Vom Skiverband war sie für die Olympischen Winterspiele in Innsbruck 1964, als auch für die Weltmeisterschaften 1966 in Portillio/Chile nominiert worden. Ein sechster Rang in der Kombination das international beste Ergebnis. Als Zehnte der Abfahrt und Neunte im Riesenslalom konnte sie sich noch zweimal unter die Top 10 platzieren. Das für Christa Prinzing persönlich höchst erfreulichstes Fazit aber ist zweifelsohne ihr Slalomsieg in Are/Schweden, der dann die Basis für den Erfolg auch in der Kombination schuf.

Christa Prinzing gehörte gleichfalls zu jener alpinen Gruppe von Skirennfahrern, die bei den Dreharbeiten im April 1964 von Willy Bogners Dokumentarfilm „Ski-Faszination" bei St. Moritz im von einer Schneebrettlawine überrascht wurden, die mit dem Tod von Barbara Henneberger und des US-Amerikaners Buddy Werner sein furchtbares Ende fanden. 1967 bereits, im Alter von nur 23 Jahren beendete Christa Prinzing die Karriere im alpinen Leistungssport.

Slalom

| Event | Datum | Event - Ort | Platz 1 | Platz 2 | Platz 3 |
|-------|-------|-------------|---------|---------|---------|
| FIS-R | 03.1966 | Are | Prinzing | | |
| | | | | | |

Kombination

| Event | Datum | Event – Ort | Platz 1 | Platz 2 | Platz 3 |
|-------|-------|-------------|---------|---------|---------|
| FIS-R | 03.1966 | Are | Prinzing | | |
| | | | | | |

FIS-R - FIS-Rennen

51

# Burgl Färbinger

10. Oktober 1945 in Au/Berchtesgaden –

Die in Oberau bei Berchtesgaden geborene Burgl Färbinger verbuchte 1966 bei der Weltmeisterschaft in Portillio in Chile mit ihrer Bronzemedaille im Abfahrtslauf den für sie größten Erfolg. Nur halt mit der Tatsache eines faden Beigeschmacks behaftet, das durch eine viel zu späte Zurückstufung der Österreicherin Erika Erika Schinegger, die dann viele Jahre später das Leben eines Mannes weiterführte, die Freude einer zeitnahen Medaillenvergabe entbehrt zu haben.

1968 war Burgl Färbinger von einer sehr erfolgreichen, anspruchsvollen Nordland-Tour zum Ende der Saison über Are, Levi und Voss zurückgekommen. In den insgesamt acht FIS-Rennen errang Färbinger acht Siege: Abfahrt (2) Slalom (3) und Riesenslalom (3). Dazu kommen noch die drei Kombinationserfolge.

Den einzigen Weltcup-Sieg erzielte sie mit dem Slalom-Erfolg von Monte Bardone 1967, und ihre gute Form hatte Burgl auch schon im Januar im WC-Riesenslalom von Oberstaufen mit dem 2. Rang unter Beweis gestellt. Der Weltcup wurde ab 01.01.1967 von der FIS als die höchste internationale Leistungs-Klassifizierung für alle alpinen Skirennen (WC) eingeführt. Auf acht Deutsche Meistertitel kann Burgl Färbinger in der Zeit von 1963 bis 1968 zurückblicken: Viermal Abfahrt und je zweimal in Slalom und Riesenslalom. Bei den Olympischen Winterspielen 1968 in Grenoble in gelangen Färbinger nochmals Achtungserfolge mit ihren Platzierungen Sechs im Slalom und Zehn im Riesenslalom.

Ziemlich überraschend, mit erst 23 Jahren erklärte Burgl Färbinger 1969 ihren Rücktritt vom Leistungssport. Zusammen mit ihrem Mann Max Leo führt sie eine Pension und eine Skischule.

# Burgl Färbinger

## Abfahrtslauf

| Event | Datum | Event - Ort | Platz 1 | Platz 2 | Platz 3 |
|-------|-------|-------------|---------|---------|---------|
| FIS-R/LAP | 03.1966 | Levi | Färbinger | | |
| FIS-R/HNP | 04.1966 | Voss | Färbinger | | |
| WM | 08.1966 | Portillio | | | Färbinger |

## Slalom

| Event | Datum | Event - Ort | Platz 1 | Platz 2 | Platz 3 |
|-------|-------|-------------|---------|---------|---------|
| WC | 02.1967 | Mte. Bardone | Färbinger | | |
| FIS-R/NSL | 01.1968 | Bad Wiessee | Färbinger | | |
| FIS-R | 03.1968 | Are | Färbinger | | |
| FIS-R/LAP | 03.1968 | Levi | Färbinger | | |
| FIS-R/HNP | 03.1968 | Voss | Färbinger | | |

## Riesenslalom

| Event | Datum | Event - Ort | Platz 1 | Platz 2 | Platz 3 |
|-------|-------|-------------|---------|---------|---------|
| WC | 01.1967 | Oberstaufen | | Färbinger | |
| FIS-R | 03.1968 | Are | Färbinger | | |
| FIS-R/LAP | 03.1968 | Levi | Färbinger | | |

## Kombination

| Event | Datum | Event – Ort | Platz 1 | Platz 2 | Platz 3 |
|-------|-------|-------------|---------|---------|---------|
| FIS-R/LAP | 03.1966 | Levi | Färbinger | | |
| WC | 01.1967 | Oberstaufen | | Färbinger | |
| FIS-R | 03.1968 | Are | Färbinger | | |
| FIS-R/LAP | 03.1968 | Levi | Färbinger | | |
| FIS-R/HNP | 03.1968 | Voss | Färbinger | | |

FIS-R/LAP - FIS-Rennen/Lappland-Pokal
FIS-R/HNP - FIS-Rennen/Holmenkollen Nordlicht-Pokal
FIS-R/NSL - FIS-Rennen/Nachtslalom
WM        - Weltmeisterschaft
WC        - Weltcup

# Traudl Treichl

**12. März 1950 in Lenggries/Oberbayern –**

Traudl Treichl war sieben Jahre lang von 1968 bis 1975 im Weltcup unterwegs. Alle Podiumsplätze im Laufe ihrer Karriere erreichte sie im Riesenslalom, ihrer starken Disziplin. Die Saison 1973/74 erwies sich dabei, als die ihrer beständigsten Phase. Traudl Treichl's erste Podestplatzierung gelang ihr mit einem zweiten Rang im Riesenslaloms von Contamines/Frankreich.

Aber zweifellos ist die Silbermedaille der Weltmeisterschaft in St. Moritz 1974 im Riesenslalom der Höhepunkt ihrer Karriere gewesen. Nur der Französin Fabienne Serrat musste sie die Goldmedaille überlassen.

Direkt anschließend nach der WM sicherte sie sich auch den Deutschen Titel im Riesenslalom. Mit zwei fünften Rängen bei den Abfahrten von Val d'Isere und Saalbach, wusste sie zum Ende dieses so erfolgreichen Jahres noch einmal zu überzeugen. Nach dem der Deutsche Skiverband Traudl Treichl nicht für die Olympischen Spiele 1976 in Innsbruck nominiert hatte, erklärte sie am 26. Januar 1976 ihren Rücktritt vom alpinen Leistungssport.

## Slalom

| Event | Datum | Event - Ort | Platz 1 | Platz 2 | Platz 3 |
|-------|-------|-------------|---------|---------|---------|
| WC | 01.1973 | Les Contamines | | Treichl | |
| WC | 02.1973 | Abetone | | Treichl | |
| WC | 12.1973 | Zell am See | | | Treichl |
| WM | 02.1974 | St. Moritz | | Treichl | |

**WC** - Weltcup
**WM** - Weltmeisterschaft

# Rosa Katharina „Rosi" Mittermaier

05. August 1950 in Reit im Winkl –

Rosi Mittermaier konnte man zweifellos zu den Ausnahmeerscheinungen im deutschen und auch internationalen Skirennsportgeschehen rechnen Wer bei Olympischen Spielen in allen Disziplinen dreimal Gold, das vierte Gold um 12-Hundertstel verpasst und Silber gewinnt, wer diese Medaillen auch zu den Weltmeisterschaften zählen darf, dessen Ruf als eine Ikone des Sports ist fest wie gemauert.

Geboren wurde Rosi Mittermaier in Reit im Winkl/Chiemgau und wuchs in einer Familie von Skisport begeisterten talentierten Geschwistern auf. Die Schwestern Heidi und Evi hatten vorher und später mit Rosi große sportliche Erfolge im alpinen Skisport erzielt. Es begann für Rosi Mittermaier mit einem FIS-Sieg beim Slalom von Bad Wiessee am 24. Januar 1967 und endete mit einem dritten Rang bei der Weltcupabfahrt von Aspen in den USA am 12. März 1976. In der Zeit ihrer neunjährigen aktiven Skisportkarriere gelingen ihr vierzig Platzierungen auf dem Podest, davon 12 Weltcup-Siege. Außen vor sind dabei die Erfolge der Olympischen Spiele 1976 von Innsbruck mit den dazu parallel gewerteten Weltmeisterschaften. Auch ist nicht zu vergessen der Gewinn des Gesamtweltcups in der Saison 1975/76. Vierzehnmal war Rosi Mittermaier Deutsche Meisterin und vervollständigte damit ihre lange Titelsammlung.

Nach dieser außergewöhnlichen Bilderbuch-Laufbahn, beendet Rosi Mittermaier nach Saisonende 1976 den Leistungssport. Zahlreiche Ehrungen, wie durch die Wahl zur „Sportlerin des Jahres", die Aufnahme in die „Hall of Fame" des Deutschen Sports im Jahre 2006, und der Bayrischer Verdienstorden wurden Rosi Mittermaier angetragen und verliehen.

Im Juni 1980 heiratete Rosi Mittermaier den gleichfalls sehr erfolgreichen Slalom-Rennläufer Christian Neureuther. Aus dieser Ehe sind zwei Kinder, Ameli und Felix hervorgegangen. Letzterer ist auf dem besten Weg, in die großen Fußstapfen von Mutter und Vater zu treten.

# Rosa Katharina „Rosi" Mittermaier

Abfahrtslauf

| WC | Datum | Event - Ort | Platz 1 | Platz 2 | Platz 3 |
|---|---|---|---|---|---|
| WC | 01.1969 | Grindelwald | | Mittermaier | |
| WC | 12.1974 | Saalbach | | | Mittermaier |
| WC | 01.1975 | Grindelwald | | Mittermaier | |
| WC | 12.1975 | Cortina d Amp. | Mittermaier | | |
| OLS/WM | 02.1976 | Innsbruck | Mittermaier | | |
| WC | 03.1976 | Aspen | | | Mittermaier |

Slalom

| Event | Datum | Event – Ort | Platz 1 | Platz 2 | Platz 3 |
|---|---|---|---|---|---|
| WC | 01.1967 | Bad Wiessee | Mittermaier | | |
| WC | 01.1969 | Schruns | Mittermaier | | |
| WC | 03.1969 | Waterv. Valley | | Mittermaier | |
| WC | 03.1970 | Voss | Mittermaier | | |
| WC | 01.1971 | St. Gervais | | | Mittermaier |
| WC | 12.1971 | Val d`Isere | Mittermaier | | |
| WC | 12.1971 | Sestriere | | Mittermaier | |
| WC | 01.1972 | Oberstaufen | | Mittermaier | |
| WC | 03.1972 | Pra Loup | | | Mittermaier |
| WC | 01.1973 | Maribor | | | Mittermaier |
| WC | 01.1973 | Grindelwald | | Mittermaier | |
| WC | 01.1973 | Chamonix | | Mittermaier | |
| WC | 02.1973 | Schruns | Mittermaier | | |
| WC | 01.1974 | Les Diablerets | | | Mittermaier |
| WC | 01.1974 | Bad Gastein | | | Mittermaier |
| WC | 02.1974 | Abetone | Mittermaier | | |
| WC | 03.1974 | Vysoke Tatra | Mittermaier | | |
| WC | 12.1974 | Cortina d`Amp. | Mittermaier | | |

# Rosa Katharina „Rosi" Mittermaier

## Slalom

| Event | Datum | Event – Ort | Platz 1 | Platz 2 | Platz 3 |
|-------|-------|-------------|---------|---------|---------|
| WC | 01.1975 | St. Gervais | | | Mittermaier |
| WC | 01.1975 | Chamonix | | | Mittermaier |
| WC | 12.1975 | Aprica | | Mittermaier | |
| WC | 12.1975 | Cortina d`Amp. | | | Mittermaier |
| WC | 01.1976 | Les Diablerets | | Mittermaier | |
| WC | 01.1976 | Bad Gastein | Mittermaier | | |
| WC | 01.1976 | KranJska Gora | | Mittermaier | |
| OLS/WM | 02.1976 | Innsbruck | Mittermaier | | |
| WC | 03.1976 | Co. Mountain | Mittermaier | | |

## Riesenslalom

| Event | Datum | Event - Ort | Platz 1 | Platz 2 | Platz 3 |
|-------|-------|-------------|---------|---------|---------|
| WC | 12.1968 | Val d`Isere | | Mittermaier | |
| WC | 02.1971 | Sugarloaf | | | Mittermaier |
| WC | 03.1972 | Haevenly Valley | | Mittermaier | |
| WC | 01.1974 | Bad Gastein | | | Mittermaier |
| WC | 01.1975 | Grindelwald | | | Mittermaier |
| WC | 01.1975 | Saraiewo | | | Mittermaier |
| WC | 12.1975 | Val d`Isere | | Mittermaier | |
| WC | 01.1976 | Les Gets | | Mittermaier | |
| WC | 01.1976 | Kranjska Gora | | Mittermaier | |
| OLS/WM | 02.1976 | Innsbruck | | Mittermaier | |
| WC | 03.1976 | Co. Mountain | Mittermaier | | |

OLS/WM - Olympische Spiele/Weltmeisterschaft
WM     - Weltmeisterschaft
WC     - Weltcup

57

# Rosa Katharina „Rosi" Mittermaier

Kombination

| Event | Datum | Event - Ort | Platz 1 | Platz 2 | Platz 3 |
|-------|-------|-------------|---------|---------|---------|
| WC | 01.1975 | Grindelwald | | Mittermaier | |
| WC | 01.1975 | Chamonix | | | Mittermaier |
| WC | 12.1975 | Cortina d`Amp. | Mittermaier | | |
| WC | 01.1976 | Meiringen | | Mittermaier | |
| WM | 02.1976 | Innsbruck | Mittermaier | | |

WC - Weltcup
WM - Weltmeisterschaft

58

# Evi Mittermaier

16. Februar 1953 in München –

Evi Mittermaier, die jüngste aller Mittermaier-Schwestern reifte zur Mitte der 70er Jahre zu einer hervorragenden Abfahrtsläuferin. Am 16. Dezember 1975 gelang ihr mit einem Abfahrtserfolg als erster Deutschen überhaupt in Cortina d`Ampezzo der internationale Durchbruch. Schon ein Jahr zuvor, bei den Weltmeisterschaften in St. Moritz 1974 mit Rang 14 und 1975 bei einem Abfahrtslauf in Innsbruck mit Platz 7 holte sie ihre ersten Weltcup-Punkte. Nach dem Rücktritt von Gold-Rosi, ihrer Schwester, war Evi in der Saison 1976/77 die erfolgreichste deutsche Alpine. Alle guten Ergebnisse erzielt Evi Mittermaier im Abfahrtslauf. Der zweite Sieg glückte ihr nach einer längeren Verletzungspause drei Jahre später, 1978 in Bad Gastein. Am Ende ihrer Karriere gelang es ihr noch weitere siebenmal aufs Podest zu steigen. Bei sechs zweiten und einem dritten Platz auf dem Podium, neben den beiden Weltcup-Siegen kann man durch aus von einer guten Bilanz während ihrer Laufbahn sprechen. Im Jahr 1976 wurde Evi Mittermaier Deutsche Meisterin im Abfahrtslauf. An zwei Weltmeisterschaften (1974, 1980 ) und auch zweimal an Olympische Spielen ( 1976, 1980 ) nahm Evi Mittermaier aktiv teil. Aber eine Medaille blieb ihr bei diesen Events verwehrt.

## Abfahrtslauf

| Event | Datum | Event - Ort | Platz 1 | Platz 2 | Platz 3 |
|-------|-------|-------------|---------|---------|---------|
| WC | 12.1975 | Cortina d`Amp. | Mittermaier | | |
| WC | 01.1977 | Schruns | | Mittermaier | |
| WC | 01.1977 | Crans-Montana | | Mittermaier | |
| WC | 03.1977 | Haevenly Valley | | Mittermaier | |
| WC | 01.1978 | Les Diablerets | | Mittermaier | |
| WC | 01.1978 | Bad Gastein | Mittermaier | | |
| WC | 03.1978 | Kleinkirchheim | | | Mittermaier |
| WC | 12.1978 | Val d`Isere | | Mittermaier | |
| WC | 01.1979 | Les Diablerets | | Mittermaier | |

WC - Weltcup

# Pamela Behr

21. September 1956 in Hindelang/Oberallgäu –

Ihr Vater Sepp Behr war ist gleichfalls ein alpiner Rennläufer der „Ersten Stunde nach den 2. Weltkrieg gewesen. Die Tochter feierte im März 1972 Premiere, 16 Jahre jung, und gleich mit einem Podiumsplatz im Slalom von Pra Loup. Im Dezember des gleichen Jahres folgte in Val d´Isere der erste Weltcupsieg. Es sollte ihr einziger und auch letzter bleiben. Pamela war zu jenem Zeitpunkt die jüngste Weltcupgewinnerin. Spitzenränge mit Platz Zwei folgten in den Slalomläufen des Jahres 1973 in Maribor und zwei Jahre später 1975 in Cortina d´Ampezzo. Ein Jahr vor den Weltmeisterschaften 1977 nochmal Rang Drei im Slalom von Schruns im Montafon. Ein Jahr später krönte Pamela ihre Karriere bei der Weltmeisterschaft 1978 in Garmisch-Partenkirchen mit der Medaille in Silber für ihren zweiten Rang im Slalom. Ihre Teilnahme an den Olympische Winterspielen 1976 hätte zu einem für sie noch spektakuläreren Erfolge im Slalom führen können. Denn im ersten Durchgang lag sie auf Rang Eins vor Rosi Mittermaier und der Italienerin Claudia Giordani. Am Ende war es „nur" ein fünfter Platz.

In der Zeit ihrer Karriere von 1971 bis 1979 sicherte sich Pamela Behr sieben Deutsche Meistertitel im Slalom. Das gelang auch ihrem Vater mit seinen sieben Titel in den Jahren von 1954 bis 1962.

Slalom

| Event | Event | Event - Ort | Platz 1 | Platz 2 | Platz 3 |
|-------|-------|-------------|---------|---------|---------|
| WC | 03.1972 | Pra Loup | | Behr | |
| WC | 12.1972 | Val d´Isere | Behr | | |
| WC | 01.1973 | Maribor | | Behr | |
| WC | 12.1975 | Cortina d´Amp. | | Behr | |
| WC | 01.1977 | Schruns | | | Behr |
| WM | 02.1978 | Garmisch-P. | | Behr | |

WC - Weltcup
WM - Weltmeisterschaft

# Irene Epple

18. Juni 1957 in Seeg/Ostallgäu –

Die zwei Jahre ältere Schwester von Marie Epple, Irene galt in der Familie als sehr ehrgeizig und zielbewusst. Und als die beiden Schwestern 1978 in Garmisch-Partenkirchen der stattfindenden Weltmeisterschaft ihren Stempel aufdrückten, war es nicht Irene, sondern Schwester Marie („Marile") stand im Rampenlicht. Denn Mariele hatte der favorisierten Schwester Irene den avisierten Titel im Riesenslalom weggeschnappt, und Irene musste sich mit der Silbermedaille im Abfahrtslauf zufrieden geben. Aber auch für Irene Epple war es der erste große Erfolg. Obwohl die Erfolgsbilanz Irenes weit über der ihrer Schwester Marie liegt, ist Irene Epple die Krönung ihrer beeindruckenden Sportkarriere mit einem Titel versagt geblieben. In Lake Placid 1980, Ort der Olympischen Spiele hatte sie mit der Silbermedaille im Riesenslalom ein grandiose Ergebnis erzielt, doch wieder keinen großen internationale Titel gewonnen. - Hier nun aufgeführt das Ergebnis ihrer großartigen Sport-Karriere: Elf Siege und dazu 33 Platzierungen auf dem Podium des Weltcups. Einmal Silbermedaille bei Olympia, wie zweimal Silber bei Weltmeisterschaften 1978 und 1980, wobei die olympische Medaille von Lake Placid im Riesenslalom gleichzeitig eine Weltmeisterschafts-Medaille beinhaltet. Außerdem gewann Irene die Disziplinwertung Riesenslalom und Kombination des Weltcups 1982/83. Erwähnenswert am 04. März 1982, der historische Doppelsieg in Waterville Valley im Riesenslalom: Irene vor Maria. Sechs Deutsche Meistertitel, je drei in der Abfahrt und im Riesenslalom innerhalb des Zeitraums 1973 bis 1981 runden Irene Epples Karriere würdig ab. Im Jahr 1980 wurde sie zur „Sportlerin des Jahres" gewählt.

In den letzten Jahren ihrer Karriere bremsten sie Verletzungen (Kreuzbandriss), Schmerzen in den Knien (Arthrose) aus. Konsequent, wie immer beendete Irene Epple ihre sportliche Karriere von heute auf morgen. Danach studiert sie noch Medizin in München und machte ihren Doktor.

Sie heiratete 1994 den Finanzminister der BRD Theo Waigel. Ehrenämter und vielseitiger Einsatz humanitärer Art und in der Kommunalpolitik beanspruchten sicher einen Großteil ihrer freien Zeit.

# Irene Epple

## Abfahrtslauf

| Event | Datum | Event - Ort | Platz 1 | Platz 2 | Platz 3 |
|---|---|---|---|---|---|
| WC | 12.1975 | Val d`Isere | | Epple | |
| WC | 01.1977 | Pfronten | | | Epple |
| WC | 01.1978 | Les Diablerets | | | Epple |
| WM | 02.1978 | Garmisch-P. | | Epple | |
| WC | 01.1979 | Meiringen | | Epple | |
| WC | 01.1979 | Schruns | | | Epple |
| WC | 01.1979 | Pfronten | | | Epple |
| WC | 12.1980 | Val d`Isere | | | Epple |
| WC | 01.1981 | Schruns | | | Epple |
| WC | 02.1981 | Haus | | Epple | |
| WC | 12.1981 | Saalbach | | | Epple |
| WC | 01.1982 | Grindelwald | | Epple | |
| WC | 12.1983 | Val d´Isere | Epple | | |
| WC | 12.1983 | Val d´Isere | | Epple | |
| WC | 12.1983 | Haus | | Epple | |
| WC | 01.1984 | Bad Gastein | | Epple | |
| WC | 12.1984 | Puy St. Vicent | | | Epple |

## Su-G

| Event | Datum | Event – Ort | Platz 1 | Platz 2 | Platz 3 |
|---|---|---|---|---|---|
| WC | 01.1983 | Verbier | Epple | | |
| WC | 01.1983 | Verbier | | | Epple |

WC - Weltcup
WM - Weltmeisterschaft

62

# Irene Epple

## Riesenslalom

| Event | Datum | Event - Ort | Platz 1 | Platz 2 | Platz 3 |
|-------|-------|-------------|---------|---------|---------|
| WC | 03.1978 | Arosa | | Epple | |
| WC | 12.1978 | Piancavallo | | | Epple |
| WC | 02.1979 | Berchtesgaden | | Epple | |
| WM | 03.1979 | Aspen | | Epple | |
| WC | 03.1979 | Haevenl. Valley | | | Epple |
| WC | 03.1979 | Furano | | | Epple |
| OLS/WM | 02.1980 | Lake Placid | | Epple | |
| WC | 02.1980 | Waterv. Valley | | | Epple |
| WC | 03.1980 | Mt. St. Anne | | Epple | |
| WC | 03.1980 | Saalbach | Epple | | |
| WC | 12.1980 | Val d`Isere | Epple | | |
| WC | 01.1981 | Haute-Nend. | | | Epple |
| WC | 12.1981 | Val d´Isere | Epple | | |
| WC | 12.1981 | Pila | Epple | | |
| WC | 01.1982 | Pfronten | Epple | | |
| WC | 03.1982 | Waterv. Valley | Epple | | |

## Kombination

| Event | Datum | Event – Ort | Platz 1 | Platz 2 | Platz 3 |
|-------|-------|-------------|---------|---------|---------|
| WC | 02.1975 | Pfronten | | Epple | |
| WC | 12.1981 | Val d`Isere | | Epple | |
| WC | 12.1981 | Piancavallo | Epple | | |
| WC | 12.1981 | St. Gervais | | | Epple |
| WC | 01.1982 | Pfronten | Epple | | |
| WC | 01.1982 | Bad Gastein | | Epple | |
| WC | 12.1983 | Val d`Isere | Epple | | |
| WC | 01.1984 | Puy St. Vicent | | Epple | |

**WC** - Weltcup
**WM** - Weltmeisterschaft

# Monika Berwein

31. August 1957 in Garmisch-Partenkirchen -

Im Mekka des deutschen alpinen Skisports Garmisch-Partenkirchen geboren, gehörte Monika Berwein zu unseren stärksten Fahrerinnen im Riesenslalom-und Slalom im Deutschen Ski Verband. Den emotionalsten Moment erlebte Monika Berwein zweifellos beim Weltcup 1976 im französischen Les Gets, als ihr zweiter Platz im Slalom-Rennen bestätigt wurde. Innerhalb des Weltcup-Geschehens blieb es der einzige Sprung aufs Podest. Zu sehr großen Hoffnungen hatten die Junioren-Europameistertitel im Riesenslalom 1974 von Jasna und 1975 im Slalom von Mayerhofen Anlass gegeben, die sich im Laufe der Karriere von Monika aber nicht realisierten. Für Deutschland ging Monika bei den Olympische Spielen 1976 in Innsbruck im Slalom an den Start, in dem sie im zweiten Durchgang leider ausschied. Nach ihrem Rückzug vom Leistungssport machte Monika Berwein eine Skilehrer-Ausbildung und betreibt in Bad Oberndorf eine Skischule für Jugendliche und Schüler.

## Abfahrtslauf

| Event | Datum | Event - Ort | Platz 1 | Platz 2 | Platz 3 |
|-------|-------|-------------|---------|---------|---------|
| WC | O1.1976 | Les Gets | | Berwein | |
| | | | | | |

**WC** - Weltcup

64

# Christa Zechmeister

04. Dezember 1957 in Berchtesgaden -

Die in Berchtesgaden zur Welt gekommene Christa Zechmeister offenbarte ihr überragendes Talent schon in sehr jungen Jahren, und das in erster Linie im Slalom. Sie bestätigte ihr Talent dann erstmals 1973 in Ruhpolding mit einer Silbermedaille im Slalom bei der Junioren-Europameisterschaft. Und der erste Podestplatz im Weltcup ließ mit dem dritten Rang von Haevenly Valley nicht lange auf sich warten. Christa Zechmeister wurde in der Saison 1973/74 die überragende Slalom-Läuferin. Durch ihre Dominanz auf dem Slalom-Kurs war der Disziplin-WC schon sehr früh zu ihren Gunsten entschieden. Den ersten Sieg hatte sie dann in Val d´Isere perfekt gemacht, und das als die bisher jüngste Starterin im Slalom-WC. (16 Jahre und 3 Tage alt). In der Folge fuhr Christa zu weiteren drei Slalomsiegen: In Les Gets, Les Diablerets und Bad Gastein. Bei der Weltmeisterschaft 1974 in St. Moritz als TOP-Favoritin am Start, schied sie nach Zwischenbestzeit in Durchgang Eins leider aus. Als Dritte im Riesenslalom von Grindelwald kam sie zum einzigen Podium in dieser Disziplin. Im Januar 1975 und 1976 konnte Christa mit ihren Slalom-Erfolgen in Schruns und auch in Berchtesgaden noch einmal überzeugen. Ziemlich überraschend dann der Deutsche Meistertitel 1977 im Riesenslalom. Am Ende der Renn-Serie 1976/77 gelang Christa beim Weltcup-Finale in der Sierra Nevada/Spanien in einem Parallel-Slalom der Sieg gegen Marie Theres Nadig und Annemarie Moser-Pröll.

In den folgenden beiden Jahren blieben vordere Platzierungen aus und nach der Saison 1979/80 beendet Christa Zechmeister den Leistungssport.

# Christa Zechmeister

## Slalom

| Event | Datum | Event - Ort | Platz 1 | Platz 2 | Platz 3 |
|-------|-------|-------------|---------|---------|---------|
| WC | 03.1973 | Haevenly Valley | | | Zechmeister |
| WC | 12.1973 | Val d`Isere | Zechmeister | | |
| WC | 01.1974 | Les Gets | Zechmeister | | |
| WC | 01.1974 | Les Diablerets | Zechmeister | | |
| WC | 01.1974 | Bad Gastein | Zechmeister | | |
| WC | 12.1974 | Cortina d`Amp. | | | Zechmeister |
| WC | 01.1975 | Garmisch-P. | | Zechmeister | |
| WC | 01.1975 | Schruns | Zechmeister | | |
| WC | 02.1975 | Naeba | | | Zechmeister |
| WC | 03.1975 | Sun Valley | | | Zechmeister |
| WC | 01.1976 | Berchtesgaden | Zechmeister | | |

## Riesenslalom

| Event | Datum | Event - Ort | Platz 1 | Platz 2 | Platz 3 |
|-------|-------|-------------|---------|---------|---------|
| WC | 01.1974 | Grindelwald | | | Zechmeister |
| | | | | | |

**WC** - Weltcup

66

# Monika Bader

09. März 1959 in Trauchgau/Allgäu -

Zum Ende der 70er Jahre gehörte Monika Bader kurzzeitig zu den stärksten Damen in der Abfahrt im Deutschen Skiverband. Mit gerade mal 16 Jahren schaffte sie den Sprung in die alpine Ski-Nationalmannschaft.

In Kranjska Gora gewann Monika bei der Junioren-Europameisterschaft 1977 die Bronzemedaille im Abfahrtslauf. Monika Baders einzige Platzierung auf einem Podium innerhalb des Weltcups resultierte aus dem dritten Rang im Abfahrtslauf von Val d`Isere. Bei der Weltmeisterschaft 1978 in Garmisch-Partenkirchen wurde sie Abfahrt-Zehnte. Auch an den Olympischen Spiele 1980 in Lake Placid nahm sie teil, deren Nominierung sich Monika Bader durch jeweils vierte Plätze in den WC-Abfahrten von Pfronten und Piancavallo verdient hatte. Nach den Spielen in Lake Placid zwang Monika Bader leider eine sehr schwere Verletzung an eine weitere Ausübung im Leistungssport zu denken.

Abfahrtslauf

| Event | Datum | Event - Ort | Platz 1 | Platz 2 | Platz 3 |
|-------|-------|-------------|---------|---------|---------|
| WC | 12.1977 | Val`Isere | | | Bader |
| | | | | | |

WC - Weltcup

# Marie „Marile" Epple

11. März 1959 in Seeg/Ostallgäu -

Marie Epple ist die Schwester der ebenfalls sehr erfolgreichen Irene Epple. Marile, wie sie ihre Fans riefen ist zwei Jahre jünger. Gleich zu Beginn der Karriere kam es zu dem die Fachwelt verblüffenden Auftritt von Marie Epple. Denn in Garmisch-Partenkirchen wurde die jüngere Schwester überraschend 1978 Weltmeisterin im Riesenslalom, wobei Schwester Irene von der Fachwelt als klare Favoritin für den Titel gehandelt wurde. Noch im selben Jahr wurde Marile mit dem Silbernen Lorbeerblatt der Bundesregierung geehrt und wenig später zur Sportlerin des Jahres gekürt. Zum anderen: Fünf Weltcup-Erfolge und achtzehn Plätze auf dem Podest sind im Laufe der Karriere von Marie Epple zusammengekommen. Ihr erstes Podium schaffte sie im Dezember 1977 im Riesenslalom von Val d´Isere und der erste Sieg im Weltcup gelang ihr im eigenen Lande gleichfalls bei einem Riesenslalom im Februar 1981 in Zwiesel. Weitere drei Siege im Riesenslalom im Jahr 1982, dazu dreizehn Podeste wiesen Marie als ausgesprochene Spezialistin in dieser Disziplin aus. Aber auch im Slalom zeigte Marie Epple Qualitäten, wie der Sieg von Arosa und fünf weitere Platzierungen unter den ersten Drei belegen. Fünf Deutsche Meistertitel, Drei im Riesenslalom (1982, 1983, 1985) und Zwei im Slalom (1982, 1983) sind zu ergänzen. - Marie Epple ist mit dem vierfachen Deutschen Slalom-Meister Florian Beck verheiratet. Das Paar hat zwei Kinder.

# Marie „Marile" Epple

## Slalom

| Event | Datum | Event - Ort | Platz 1 | Platz 2 | Platz 3 |
|-------|-------|-------------|---------|---------|---------|
| WC | 01.1978 | Maribor | | Epple | |
| WC | 03.1981 | Furano | | | Epple |
| WC | 03.1982 | Mt. Genevre | | Epple | |
| WC | 01.1984 | Verbier | | Epple | |
| WC | 12.1984 | Courmayer | | Epple | |
| WC | 01.1985 | Arosa | Epple | | |

## Riesenslalom

| Event | Datum | Event-Ort | Platz 1 | Platz 2 | Platz 3 |
|-------|-------|-----------|---------|---------|---------|
| WC | 12.1977 | Val d`Isere | | Epple | |
| WC | 01.1978 | Les Mosses | | | Epple |
| WM | 02.1978 | Garmisch-P. | Epple | | |
| WC | 03.1978 | Str.Mountain | | Epple | |
| WC | 02.1980 | Waterv. Valley | | Epple | |
| WC | 02.1981 | Zwiesel | Epple | | |
| WC | 02.1981 | Maribor | | Epple | |
| WC | 01.1982 | Pfronten | | | Epple |
| WC | 02.1982 | Oberstaufen | Epple | | |
| WC | 02.1982 | Aspen | Epple | | |
| WC | 03.1982 | Waterv. Valley | | Epple | |
| WC | 03.1982 | San Sicario | Epple | | |
| WC | 03.1983 | Mt. Tremblant | | Epple | |
| WC | 03.1983 | Waterv. Valley | | Epple | |
| WC | 03.1983 | Waterv. Valley | | Epple | |
| WC | 12.1983 | Haus/Enns | | Epple | |
| WC | 02.1984 | Lake Placid | | | Epple |
| WC | 12.1984 | St. Katharina | | | Epple |

WC - Weltcup
WM - Weltmeisterschaft

# Christa „Kinsi" Kinshofer

24. Januar 1961 in München -

In München geboren und in Miesbach mit drei Geschwistern aufgewachsen, war sie schon als kleines Mädchen sehr sportlich und talentiert. Als 8-jährige war sie Münchner Bambino- Meisterin im Eiskunstlauf, entschied sich aber mit 10 Jahren zum Skisport zu wechseln. So wechselte sie auch sie Schule zum Skigymnasium in Berchtesgaden, und es währte auch nicht allzu lange, um mehrfache Deutsche Jugendmeisterin zu werden. Der Durchbruch zur Spitze im Weltcup gelang Christa Kinshofer wiederum äußerst schleunig. In der Saison 1978/79 glückten ihr fünf Weltcupsiege in Folge. In Deutschland ist das bisher niemandem gelungen. Christa Zechmeister und Maria Riesch brachten es auf vier Siege in Folge. Ein Jahr später in 1980 da war sie erst Achtzehn, brachte sie von den Olympischen Spielen aus Lake Placid vom Slalom die Silbermedaille mit nach Deutschland, die auch als Weltmeisterschafts-Medaille zählte. Der Lohn, war die Auszeichnung durch das „Silberne Lorbeerblatt", schon länger ein Brauch, erfolgreiche Olympioniken zu ehren. Sportlerin des Jahres war Christa schon 1979 geworden. Ihre insgesamt Sechs Titel bei Deutschen Meisterschaften (3x Riesenslalom, 2x Slalom, 1x Su-G) sind auch nicht zu vergessen.

Ein schwerer Trümmerbruch im Knöchel zwang Kinshofer zu einem langen Jahr Pause. Unterschiedliche Auffassungen von Seiten des Verbandes und Christa Kinshofer führten dazu, das sich Kinshofer 1981 dem Holländischen Nationalteam anschloss. Beide Seiten, der DSV und Christa Kinshofer zeigten nach mehreren Jahren Differenzen Einsicht, und so startete sie ab der Saison 1987/88 wieder für den Deutschen Ski Verband. Neben ihren wieder guten Ergebnissen im Weltcup, zündete sie bei Olympia 1988 in Calgary nochmal zwei Raketen: Silber und Bronze im Riesenslalom und Slalom.

Es war nun der genau richtige Zeitpunkt, ihren Abschied vom Leistungssport zu verkünden. Heute ist Christa Kinshofer Geschäftsfrau auf mehreren Feldern. Unter anderem betreibt Kinshofer zusammen mit ihrem Mann, einem Sportmediziner eine Ski-Klinik.

# Christa „Kinsi" Kinshofer

## Abfahrtslauf

| Event | Datum | Event - Ort | Platz 1 | Platz 2 | Platz 3 |
|-------|-------|-------------|---------|---------|---------|
| WC | 01.1981 | Crs. Montana | | | Kinshofer |

## Slalom

| Event | Datum | Event - Ort | Platz 1 | Platz 2 | Platz 3 |
|-------|-------|-------------|---------|---------|---------|
| WC | 02.1979 | Maribor | | Kinshofer | |
| OLS/WM | 02.1980 | Lake Placid | | Kinshofer | |
| WC | 03.1980 | Saalbach | | Kinshofer | |
| WC | 12.1980 | Altenmarkt | | Kinshofer | |
| WC | 12.1987 | Piancavallo | Kinshofer | | |
| WC | 01.1988 | Bad Gastein | | Kinshofer | |
| OLS | 02.1988 | Lake Placid | | | Kinshofer |

## Riesenslalom

| Event | Datum | Event – Ort | Platz 1 | Platz 2 | Platz 3 |
|-------|-------|-------------|---------|---------|---------|
| WC | 12.1978 | Val d`Isere | Kinshofer | | |
| WC | 01.1979 | Les Gets | Kinshofer | | |
| WC | 02.1979 | Bechtesgaden | Kinshofer | | |
| WC | 03.1979 | Aspen | Kinshofer | | |
| WC | 03.1979 | Haevenl.Valley | Kinshofer | | |
| WC | 12.1980 | Val d`Isere | | | Kinshofer |
| WC | 01.1981 | Les Gets | | Kinshofer | |
| WC | 02.1981 | Zwiesel | | Kinshofer | |
| OLS | 02.1988 | Calgary | | | Kinshofer |

## Kombination

| Event | Datum | Event -Ort | Platz 1 | Platz 2 | Platz 3 |
|-------|-------|------------|---------|---------|---------|
| WC | 12.1980 | Val d`Isere | | | Kinshofer |
| WC | 01.1981 | Crs. Montana | Kinshofer | | |
| WC | 12.1981 | Piancavallo | | | Kinshofer |

**OLS/WM** - Olympische Spiele/Weltmeisterschaft     **WC** -Weltcup

71

# Regine „Gina" Mösenlechner

01. April 1961 in Inzell -

Regine Mösenlechner ist geboren in Inzell, dem Ort mit Deutschlands erstem Eisschnelllauf-Bundesleistungszentrum. Regine Mösenlechner entschied sich aber für den alpinen Rennsport, und tat richtig daran. Gleichermaßen stark in Abfahrt und Su-G ist sie 1979 aber Junioren-Europameisterin im Slalom geworden. Im März 1981 hatte sie erstmals aufhorchen lassen, als sie in Aspen/Colorado den Weltcup-Abfahrtslauf mit einem zweiten Platz abschloss. Mit einem großem Talent war Regine Mösenlechner gesegnet, aber durch so viele Verletzungen und Reha-Maßnahmen immer zurückgeworfen, musste sie sich sechs Jahre gedulden, bis ihr 1987 in Pfronten wiederum ein zweiter Platz und ein Podium im WC gelang. Ihr dritter Streich wird der Höhepunkt ihrer ganz Karriere sein. Denn hier in Crans Montana bei den Weltmeisterschaften von 1987 gewinnt Regine zur Freude alle ihrer Fans die Bronzemedaille im Abfahrtslauf, um dann in Calgary, Leukerbad, Aspen, Schladming und Val d`Isere in Abfahrten und Su-G nachzulegen. Anfang des Dezember 1989 kann sie in Vail/USA bei einem Su-G den lange fälligen Weltcup-Sieg einfahren. Im Jahr 1984 und 1986 hat sie sich zudem die Deutschen Titel in der Abfahrt gesichert. Regine Mösenlechner beendet 1992 nach Olympia in Albertville die Saison mit der Bekanntgabe ihres Rücktritts vom Leistungssport Ski Alpin. - Regine Mösenlechner ist mit dem Bronze- und Silbermedaillengewinner im Slalom der Weltmeisterschaften von Crans Montana 1987 und Vail 1989 Armin Bittner verheiratet.

# Regine „Gina" Mösenlechner

### Abfahrtslauf

| Event | Datum | Event - Ort | Platz 1 | Platz 2 | Platz 3 |
|-------|-------|-------------|---------|---------|---------|
| WC | 03.1981 | Aspen | | Mösenlechner | |
| WC | 01.1987 | Pfronten | | Mösenlechner | |
| WM | 02.1987 | Crs Montana | | | Mösenlechner |
| WC | 03.1987 | Calgary | | | Mösenlechner |
| WC | 03.1988 | Aspen | | Mösenlechner | |
| WC | 12.1988 | Val d`Isere | | Mösenlechner | |

### Su-G

| Event | Datum | Event - Ort | Platz 1 | Platz 2 | Platz 3 |
|-------|-------|-------------|---------|---------|---------|
| WC | 12.1987 | Leukerbad | | | Mösenlechner |
| WC | 11.1988 | Schladming | | | Mösenlechner |
| WC | 12.1989 | Vail | Mösenlechner | | |

WC - Weltcup
WM - Weltmeisterschaft

# Traudl Hächer

31. Dezember 1962 in Schleching/Oberbayern -

Nicht weit von der Tiroler Grenze in Schleching im Landkreis Traunstein ist Traudl Hächer zur Welt gekommen. Ihre Erfolge und das Talent wiesen schon in ihren jungen Jahren auf die Affinität für die Disziplinen im Riesenslalom und den Su-G hin. Das ihr große Talent bestätigte die 17-jährige Hächer mit dem Titel einer Europameisterin im Juniorenbereich des Riesenslaloms 1979. Dennoch kam ihr erster Weltcup-Sieg völlig überraschend. Traudl Hächer hatte schon ihr Potential mit Plätzen 13, 12 und 8 im Weltcup angemahnt, aber mit der hohen Startnummer 54 den Su-G von Davos zu gewinnen, war eine Riesennummer.

Insgesamt konnte Traudl Hächer vier Weltcup-Erfolge erzielen, zweimal im Su-G, den von Davos/Schweiz und Puy Saint Vicent in Frankreich, wie auch zweimal im Riesenslalom von Oberstaufen und Sunshine in Kanada. Sechsmal gelang noch der Sprung aus Podest. Kurz vor Ende ihrer Karriere überraschte sie noch einmal, denn bei der Weltmeisterschaft von Saalbach-Hinterglemm 1991, ohne allzu große Erwartungen am Start, gewann Hächer mit Bronze im Riesenslalom die einzige Medaille für den DSV und Deutschland. Sie konnte über Bronze jubeln, als sie hinter der Schwedin Pernilla Wiberg und Ulrike Maier/ Österreich ins Ziel raste. In der Disziplin Riesenslalom ist Traudl Hächer 1986 auch Deutsche Titelträgerin geworden. Ende der 80-er Jahre, noch während ihrer aktiven Karriere hat sie geheiratet. Und 1992 nach dem Weltcup-Saisonfinale in Crans Montana beendet sie den Leistungssport. Heute lebt Traudl Hächer-Gavet in den USA.

# Traudl Hächer

Riesenslalom

| Event | Datum | Event - Ort | Platz 1 | Platz 2 | Platz 3 |
|-------|-------|-------------|---------|---------|---------|
| WC | 03.1985 | Waterv. Valley | | | Hächer |
| WC | 01.1986 | Oberstaufen | Hächer | | |
| WC | 02.1986 | Vysoke Tatry | | | Hächer |
| WC | 03.1986 | Sunshine | Hächer | | |
| WM | 02.1991 | Saalbach-Glemm | | | Hächer |

Su-G

| Event | Datum | Event-Ort | Platz 1 | Platz 2 | Platz 3 |
|-------|-------|-----------|---------|---------|---------|
| WC | 12.1984 | Davos | Hächer | | |
| WC | 01.1986 | Puy St. Vicent | Hächer | | |
| WC | 01.1986 | Megeve | | | Hächer |
| WC | 01.1987 | Pfronten | | Hächer | |

Kombination

| Event | Datum | Event - Ort | Platz 1 | Platz 2 | Platz 3 |
|-------|-------|-------------|---------|---------|---------|
| WC | 12.1984 | Davos | | | Hächer |
| WC | 03.1986 | Sunshine | | Hächer | |

WC - Weltcup
WM - Weltmeisterschaft

75

# Karin Dedler

**02. Februar 1963 in Dietmannsried/Oberallgäu –**

Karin Dedlers Stärken auf den Pisten der alpinen Disziplinen lagen ohne zu zweifeln im Speed-Bereich. Im Abfahrtslauf und dem Su-G erzielte sie ihre besten Resultate. In den Blick der öffentlichen Wahrnehmung geriet Karin Dedler erstmals durch eine Bronzemedaille, die sie bei der Weltmeisterschaft in Vail in den USA 1989 im Abfahrtslauf hinter der Schweizerin Maria Wallis und der Kanadierin Karen Percy gewinnen konnte. Und im Riesenslalom der WM mit dem fünften Rang fuhr sie wiederum ein hervorragendes Rennen.

Ihre ersten Weltcuppunkte hatte sie bereits im Dezember 1984 im Su-G von Davos verbuchen können. In der Saison 1989/90 gelangen ihr in Haus/Enns und Veysonnaz mit ihren dritten Rängen im Abfahrtslauf erstmalig der Sprung aufs Podest innerhalb des Weltcups. Zum Karriereende hin konnte Karin Dedler im Februar 1991 in Garmisch-Partenkirchen mit dem zweiten Platz im Su-G ihr bestes Ergebnis erreichen. Im selben Jahr sicherte sie sich die Deutschen Meistertitel in ihren starken Disziplinen Abfahrt und Su-G.

Karin Dedler nahm an drei Weltmeisterschaften (1987, 1989, 1991) und an den Olympischen Spielen 1988 von Calgary teil. Ihr letztes Rennen bestritt sie am 08. März 1992 in Vail/Colorado und beendet danach den Leistungssport.

## Abfahrtslauf

| Event | Datum | Event - Ort | Platz 1 | Platz 2 | Platz 3 |
|-------|-------|-------------|---------|---------|---------|
| WM | 02.1989 | Vail | | | Dedler |
| WC | 01.1990 | Haus/Enns | | | Dedler |
| WC | 02.1990 | Veysonnaz | | | Dedler |

## Su-G

| Event | Datum | Event - Ort | Platz 1 | Platz 2 | Platz 3 |
|-------|-------|-------------|---------|---------|---------|
| WC | 02.1991 | Garmisch-P. | | Dedler | |

WC - Weltcup
WM - Weltmeisterschaft

76

# Marina Kiehl

12. Januar1965 in München -

Zu den großen Alpinen der 80-ziger Jahre bei den Damen gehörte zweifellos die Münchnerin Marina Kiehl. Selbstverständlich ist der Gewinn des Goldes bei den Olympischen Spielen 1988 in Calgary in der Königsdisziplin Abfahrt ein Höhepunkt der Karriere von Marina Kiehl gewesen. Vor der Schweizerin Brigitte Oertli und der Kanadierin Karen Percy siegt sie im Abfahrtslauf. So etwas steht für immer in den Geschichtsbüchern. Aber noch viele weitere dieser an Höhepunkten so reichen Laufbahn konnten sich sehen lassen. Mit 18 Jahren wurde sie Weltmeisterin im Abfahrtslauf 1983 in Sestriere bei den Juniorinnen. Ein erstes Ausrufezeichen! Ein Jahr später, im März 1984 gewann sie in Mont Sainte-Anne ihren ersten Su-G von später noch weiteren fünf . Zweimal gewann Marina Kiehl den Gesamtweltcup in der Disziplinwertung des Riesenslaloms 1985 und auch im Su-G 1986. Und in der Zeitspanne vom Jahr 1983 bis 1988 siegte sie in sieben Weltcup-Rennen und sprang 11-mal aufs Podium. Zwischen 1984 und 1987 war Marina noch fünfmal Deutsche Meisterin. Je zweimal im Su-G und Riesenslalom, wie einmal im Abfahrtslauf. Nach Ende der Saison 1987/88 beendet Marina Kiehl mit nur 23 Jahren ihre Rennsportkarriere. Neben den vielen Ehrungen von Land und Bund, die einer Olympiasiegerin angemessen sind, verlieh ihr der Deutsche Ski Verband die höchste seiner Auszeichnungen, den „Goldenen Ski " und durch den Bundes-Präsidenten mit dem „Silberne Lorbeerblatt" geehrt.

# Marina Kiehl

## Abfahrtslauf

| Event | Datum | Event - Ort | Platz 1 | Platz 2 | Platz 3 |
|---|---|---|---|---|---|
| WC | 12.1984 | Puy St. Vicent | | Kiehl | |
| WC | 12.1987 | Val d`Isere | | Kiehl | |
| OLS | 02.1988 | Calgary | Kiehl | | |

## Riesenslalom

| Event | Datum | Event - Ort | Platz 1 | Platz 2 | Platz 3 |
|---|---|---|---|---|---|
| WC | 03.1984 | Lake Placid | | Kiehl | |
| WC | 12.1984 | Mad. Di Camp. | Kiehl | | |
| WC | 03.1985 | Lake Placid | | | Kiehl |
| WC | 01.1986 | Maribor | | | Kiehl |

## Su-G

| Event | Datum | Event - Ort | Platz 1 | Platz 2 | Platz 3 |
|---|---|---|---|---|---|
| WC | 03.1984 | Mt. St. Anne | Kiehl | | |
| WC | 11.1984 | Davos | | | Kiehl |
| WC | 01.1985 | Pfronten | | Kiehl | |
| WC | 01.1985 | Arosa | Kiehl | | |
| WC | 03.1985 | Banff | Kiehl | | |
| WC | 12.1985 | Sestriere | Kiehl | | |
| WC | 03.1986 | Vail | Kiehl | | |
| WC | 01.1987 | Pfronten | | | Kiehl |
| WC | 03,1987 | Vail | Kiehl | | |

## Kombination

| Event | Datum | Event – Ort | Platz 1 | Platz 2 | Platz 3 |
|---|---|---|---|---|---|
| WC | 01.1984 | Puy St. Vicent | | | Kiehl |
| WC | 01.1985 | Sta. Catharina | | Kiehl | |
| WC | 01.1986 | Maribor | | | Kiehl |

**OLS** - Olympische Spiele    **WC** - Weltcup

# Elisabeth Michaela „Michi" Gerg

09. November1965 in Bad Tölz -

Die schnellen, rasanten Disziplinen Abfahrt und der Su-G waren ihr Metier. Sie war aber auch eine herausragende Technikerin. Michaelas Erfolgsliste ist lang. Viermal stand sie bei den Weltcup-Rennen ganz oben, und zwanzigmal neben der Siegerin auf dem Podest. Eine beeindruckende Rolle, die sie im Weltcup abgab. Noch sehr viel spektakulärer aber war ihr Ergebnis bei der Weltmeisterschaft 1989 in Vail/Colorado, das mit der Bronzemedaille im Su-G belohnt wurde. Schon früh konnte „Michi" Gerg dem Deutschen Ski Verband ihr Talent mit zwei Junioren-Weltmeistertitel im Riesenslalom 1982 und 1983 präsentieren. Viermal nahm Gerg an den Olympischen Spielen und sechsmal an Weltmeisterschaften teil. Auch ein Rekord. Es gesellten sich zudem fünf Titel bei Deutschen Meisterschaften hinzu, 1982 im Abfahrtslauf, 1984 und 1986 im Slalom, sowie 1987 und 1989 im Riesenslalom.

Für Michaela Gerg`s Verdienste um den Skisport verlieh ihr der DSV zweimal seine höchste Ehrerbietung durch die Verleihung des „Goldenen Ski". Einen letzten Triumph feierte sie mit dem Abfahrtsieg von Cortina d`Ampezzo im Januar 1995. Im November 1996 verkündet Michaela Gerg nach einer schweren Verletzung, zu dem Differenzen mit dem Skiverband und einer Krebserkrankung der Mutter den Rücktritt. 1997 stellt man bei ihr selbst eine bösartige Erkrankung fest, die man durch einen Eingriff aber eingrenzen konnte.

Heute betreibt Michaela Gerg eine Skischule in Lenggries, und bis 2016 war sie im Gemeinderat von Kitzbühel für die SPÖ vertreten.

# Elisabeth Michaela „Michi" Gerg

Abfahrtslauf

| Event | Datum | Event - Ort | Platz 1 | Platz 2 | Platz 3 |
|-------|-------|-------------|---------|---------|---------|
| WC | 12.1985 | Val d'Isere | Gerg | | |
| WC | 12.1985 | Val d'Isere | | | Gerg |
| WC | 12.1988 | Val d'Isere | | | Gerg |
| WC | 01.1989 | Tignes | | | Gerg |
| WC | 02.1989 | Lake Louise | | | Gerg |
| WC | 02.1989 | Lake Louise | | | Gerg |
| WC | 08.1989 | Las Lenas | Gerg | | |
| WC | 12.1989 | Steamboat Spr. | | | Gerg |
| WC | 12.1989 | Panorama | | Gerg | |
| WC | 12.1989 | Panorama | | | Gerg |
| WC | 01.1992 | Morzine | | | Gerg |
| WC | 12.1992 | Lake Louise | | | Gerg |
| WC | 01.1995 | Cortina d'Amp. | Gerg | | |

Riesenslalom

| Event | Datum | Event-Ort | Platz 1 | Platz 2 | Platz 3 |
|-------|-------|-----------|---------|---------|---------|
| WC | 01.1986 | Oberstaufen | | Gerg | |
| WC | 11.1986 | Park City | Gerg | | |
| WC | 01.1990 | Hinterstoder | | | Gerg |

**WC -** Weltcup

80

# Elisabeth Michaela „Michi" Gerg

Su-G

| Event | Datum | Event - Ort | Platz 1 | Platz 2 | Platz 3 |
|-------|-------|-------------|---------|---------|---------|
| WC | 12.1985 | Siestriere | | Gerg | |
| WM | 02.1989 | Vail | | | Gerg |
| WC | 12.1989 | Vail | | | Gerg |
| WC | 02.1990 | Meribel | | | Gerg |
| WC | 03.1990 | Are | | Gerg | |
| WC | 01.1991 | Meribel | | Gerg | |
| WC | 02.1991 | Garmisch-P. | | | Gerg |

Kombination

| Event | Datum | Event -Ort | Platz 1 | Platz 2 | Platz 3 |
|-------|-------|------------|---------|---------|---------|
| WC | 01.1983 | Les Diablerets | | Gerg | |
| WC | 12.1989 | Steamboat Spr. | | Gerg | |

WC - Weltcup
WM - Weltmeisterschaft

81

# Christina Meier

20. Februar 1966 in Rottach-Egern –

Neuen Jahre von 1986 bis ins Jahr 1995 gehörte Christina Meier zum Stamm der alpinen deutschen Ski-Nationalmannschaft. Bevorzugte Disziplin in ihrer Karriere war immer der Riesenslalom. Insgesamt konnte sie in ihrer aktiven Laufbahn drei Podiumsplätze im Weltcup einnehmen, davon zwei feine Siege in Aspen/USA und Hafjell/Norwegen. Für der Olympische Spiele nominierte sie der DSV. 1988 in Calgary, 1992 in Albertville und 1994 in Lillehammer. Dabei immer mit guten Platzierungen (Rang 5, 11 und 10) im Riesenslalom unterwegs. Siegreich war sich auch in einem Parallel-Slalom im März 1988 in Saalbach, der aber nicht für ihre persönlichen Weltcup-Punkte, sondern für die Nationenwertung maßgebend waren. Hier kam Christina Meier vor Ulrike Meier ins Ziel, der Österreicherin aus Rauris, die sechs Jahre später bei der Abfahrt des Kandahar-Rennens in Garmisch-Partenkirchen durch einen bösen Sturz ums Leben kam. Dreimal wird Cristina Meier die Deutsche Meisterin der Jahre 1988, 1992 und 1995 im Riesenslalom.

## Riesenslalom

| Event | Datum | Event - Ort | Platz 1 | Platz 2 | Platz 3 |
|-------|-------|-------------|---------|---------|---------|
| WC | 03.1988 | Aspen | Meier | | |
| WC | 03.1989 | Shigakogen | | | Meier |
| WC | 03.1993 | Hatfjell | Meier | | |

WC  - Weltcup

# Katharina „Kathi" Gutensohn

22. März 1966 in Kirchberg/Tirol –

Perspektivlosigkeit! In der österreichischen Ski-Nationalmannschaft nicht für die alpine Weltmeisterschaft 1989 in Vail/USA nominiert zu werden, war der Anlass von Katharina Gutensohn nach der Saison 1988/89 zum deutschen Ski Verband zu wechseln. Dieser vollzog sich zügig ohne Probleme, da Gutensohn mit einem Deutschen verheiratet war. Die vorher für Österreich schon sehr erfolgreiche Katharina Gutensohn knüpfte nahtlos, ab der Rennsaison1989/90 für den DSV am Start, mit guten Ergebnissen an. So siegte in den zwei Abfahrten von Veysonnaz in der Schweiz und wurde Zweite im Abfahrtslauf von Panorama in Kanada. Der Abfahrts-Weltcup der Disziplinwertung für die Saison ist Gutensohn zu diesem Zeitpunkt bereits sicher. In der neuen Saison 1990/91 kann Kathrin Gutensohn wieder zwei Abfahrtsläufe zum einen in Altenmarkt-Zauchensee, zum anderen in Bad Kleinkirchheim einfahren. Zwei schwere Stürze bei der Weltmeisterschaft 1991 in Saalbach-Hinterglemm und im Jahr 1993 in Cortina d`Ampezzo mit jeweils diagnostizieren Kreuzbandrissen führten zu den üblichen Zwangspausen.

Nach ihrer Rückkehr in den Weltcup 1994 gelang noch einmal der Sprung aufs Podest durch den dritten Platz im Su-G von Sierra Nevada in Spanien. In der letzten aktiven Phase für den Deutschen Ski Verband 1997/98 startend, dann abschließend noch einmal zwei Platzierungen als jeweils Dritte in der Abfahrt und im Su-G von Lake Louise und Mount Mountain.

Für Deutschland nahm Katharina Gutensohn an zwei Olympischen Spielen vom 1992 und 1998, wie an drei Weltmeisterschaften von 1991, 1996 und 1997 teil, aber ohne Medaillen-Ausbeute. Nach den Olympischen Winterspielen 1998 in Nagano beendet sie den Leistungssport Alpin, um sich Carvin- und später noch dem Skicross-Weltcup zuzuwenden. Auch hier kam sie zu Ehrungen auf dem Podium. Erst 2010 beendet Gutensohn den Spitzensport, schloss noch ein Studium als Sportjournalistin ab, und ist jetzt Mutter von drei Kindern.

# Katharina „Kathi" Gutensohn

## Abfahrtslauf

| Event | Datum | Event - Ort | Platz 1 | Platz 2 | Platz 3 |
|-------|-------|-------------|---------|---------|---------|
| WC | 12.1989 | Panorama | | Gutensohn | |
| WC | 02.1990 | Veysonnaz | Gutensohn | | |
| WC | 02.1990 | Veysonnaz | Gutensohn | | |
| WC | 12.1990 | Altenmarkt | Gutensohn | | |
| WC | 01.1991 | Kleinkirchheim | Gutensohn | | |
| WC | 01.1992 | Morzine | | Gutensohn | |
| WC | 12.1992 | Vail | | Gutensohn | |
| WC | 12.1997 | Lake Louise | | Gutensohn | |

## Su-Gi

| Event | Datum | Event-Ort | Platz 1 | Platz 2 | Platz 3 |
|-------|-------|-----------|---------|---------|---------|
| WC | 02.1994 | Sierra Nevada | | | Gutensohn |
| WC | 11.1997 | Mmt Mountain | | | Gutensohn |

**WC -** Weltcup

84

# Miriam Vogt

20. März 1967 in Starnberg –

Miriam Vogt´s Sportkarriere wurde von einigen Auf´s und Ab´s während ihrer Leistungssport-Laufbahn begleitet. Zum Ab gehörte wohl auch die zeitweilige Rückstufung aus dem Nationalkader in den Förderkader des Ski Verbandes. Um so mehr überraschte vor allem der Weltmeistertitel von Miriam in der Kombination von Morioka 1993 in Japan. Kurz vorher schon bewies sie beim Abfahrtssieg von Vail/Colorado im Dezember 1992, das sie wieder auf dem Weg nach oben ist. Insgesamt besteigt Miriam Vogt siebenmal ein Podest innerhalb des Weltcups. Dazu fügten sich noch fünf Deutsche Meistertitel: Zwei im Su-G 1993 und 1998, zwei im Slalom 1993 und 1996, wie noch im Riesenslalom 1994.

1998 beendet Miriam Vogt die Karriere unter dem Dach des Deutschen Ski Verbandes. Aktiv aber blieb sie noch bis ins Jahr 2001, und startete bei den Schweizer- und Österreichischen alpinen Meisterschaften. Noch in der Zeit ihres aktiven gedrängten Rennkalenders studierte Vogt Betriebswirtschaft, und ist heute Geschäftsführerin und bekleidet nebenher Ämter beim Bayrischen und Deutschen Skiverband.

# Miriam Vogt

## Abfahrtslauf

| Event | Datum | Event - Ort | Platz 1 | Platz 2 | Platz 3 |
|-------|-------|-------------|---------|---------|---------|
| WC | 01.1990 | Santa Caterina | | Vogt | |
| WC | 12.1991 | Serre Chevalier | | | Vogt |
| WC | 02.1992 | Grindelwald | | Vogt | |
| WC | 03.1992 | Vail | | | Vogt |
| WC | 12.1992 | Vail | Vogt | | |
| WC | 02.1993 | Veysonnaz | | | Vogt |

## Su-G

| Event | Datum | Event - Ort | Platz 1 | Platz 2 | Platz 3 |
|-------|-------|-------------|---------|---------|---------|
| WC | 12.1991 | Santa Caterina | | | Vogt |
| | | | | | |

## Kombination

| Event | Datum | Event - Ort | Platz 1 | Platz 2 | Platz 3 |
|-------|-------|-------------|---------|---------|---------|
| WC | 02.1992 | Grindelwald | | | Vogt |
| WM | 02.1993 | Morioka | Vogt | | |

WC  - Weltcup
WM  - Weltmeisterschaft

# Ulrike Stanggassinger

22. Februar 1968 in Berchtesgaden – 01. Juli 2019 ebenda

Ulrike Stanggassinger gehörte von den späten 80er Jahren an bis 1994 zum Kader der alpinen Ski-Nationalmannschaft. Die Disziplinen Abfahrtslauf und Su-G kamen ihrem Potential am stärksten entgegen. Bereits im Jahre 1986 errang sie bei den Juniorenweltmeisterschaften von Bad Kleinkirchheim in der Kombination eine Bronzemedaille. Ihr beste Resultat erzielt Ulrike dann in der Weltcup-Abfahrt 1987 von Val d`Isere, einem Neuschnee-Rennen, als sie mit der hohen Startnummer 50 hinter der Schweizerin Chantal Bournissen und ihrer deutschen Konkurrentin aus dem eigenen Team Marina Kiehl, als Dritte das Ziel passierte und sich damit ihren einzigen Podiums-Platz im Weltcup sicherte.

Ein fünfter Rang im Abfahrtslauf von Altenmarkt 1988 steht für das zweitbeste Ergebnis Ulrikes. Im gleichen Jahr startet Stanggassinger bei den Olympischen Spielen von Cargary. Aber die Weltmeisterschaften 1993 von Morioka in Japan mit dem sechsten Platz im Abfahrtslauf und 1994 im spanischen Sierra Nevada beim Su-G brachten halbwegs befriedigende Ergebnisse. Im Su-G war Stanggassinger 1992 Deutsche Meisterin geworden. Zur nachfolgenden Rennsaison 1994/95 trat sie aufgrund ihres Rücktritts nicht mehr an. - Ulrike Stanggassinger verstarb viel zu früh am 01. Juli 2019 in ihrem Geburtsort Berchtesgaden.

### Abfahrtslauf

| Event | Datum | Event - Ort | Platz 1 | Platz 2 | Platz 3 |
|-------|-------|-------------|---------|---------|---------|
| WC | 12.1987 | Val d`Isere | | | Stanggassinger |

WC - Weltcup

# Katja Seizinger

10. Mai 1972 in Datteln/NRW -

Katja Seizinger ist zweifelsohne bis zum heutigen Tag Deutschlands beste alpine Skirennläuferin nach dem 2. Weltkrieg, was die Siege und Podiumsplatzierungen bei Olympischen Spielen, Weltmeisterschaften und in Weltcup-Rennen betrifft. Ein Super- und Multitalent in allen Disziplinen, sieht man einmal vom Slalom ab, das nicht in der Nähe von Bergen oder im Gebirge geboren und wurde. Aus dem flachen Nordrheinwestfalen von Datteln kam sie her. Es ist mühsam zu ermitteln, was Katja Seizinger nicht gewonnen hat.

Schlussendlicht erlernte sie das Skifahren im Odenwald in der Nähe ihres und der Eltern Wohnort von Eberbach am Neckar. Der Besuch der Internatsschule von Hohenschwangau im Allgäu kam ihrer Skisportleidenschaft gezielt entgegen. Die Leiter der vielen noch anstehenden Erfolge bestieg Katja Seizinger erstmalig am 11. Februar 1990 in Meribel/Frankreich mit dem zweiten Platz im Weltcup eines Su-G. Im Dezember 1991 gelang Katja der erste Sieg im Weltcup-Su-G von Santa Caterina/Italien. In regelmäßiger Verlässlichkeit fuhr sie von diesem Zeitpunkt an von Erfolg zu Erfolg. Bei den Olympischen Winterspielen 1992 in Albertville, 1994 Lillehammer wie 1998 in Nagano gewann sie drei Gold- und zwei Bronzemedaillen. Und bei Weltmeisterschaften von Morioka 1993, von Sierra Nevada 1996, wie in Sestriere 1997 holt Seizinger einmal Gold und dreimal Silber. 36 Weltcupsiege (16x die Abfahrt, 16x den Su-G und 4x den Riesenslalom) und weitere 40 Platzierungen auf dem Podium machen Katja Seizinger zur Rekordhalterin im Bereich Ski Alpin. Zweimal entschied sie den Gesamt-Weltcup in den Jahren 1996 und 1998 für sich, dazu noch neunmal den Disziplin-Weltcup zu ihren Gunsten.

Für ihre Verdienste um den Alpinen Skisport in Deutschland erhielt Katja Seizinger eine lange Reihe von Ehrungen. Dreimal wurde sie zur „Sportlerin des Jahres" gewählt (1994, 1996, 1998). Im April 1999 gibt Katja Seizinger nach Verletzung mit 27 Jahren ihren Rücktritt vom Leistungssport bekannt. Im selben Jahr heiratet Katja Seizinger. Zur Familie gehören ein Sohn und Tochter. Seit 2003 arbeitet die studierte Betriebswirtin im Werk ihres Vaters „Südweststahl".

# Katja Seizinger

| Event | Datum | Event - Ort | Platz 1 | Platz 2 | Platz 3 |
|-------|-------|-------------|---------|---------|---------|
| WC | 12.1991 | Santa Caterina | | Seizinger | |
| WC | 01.1992 | Schruns | Seizinger | | |
| WC | 01.1992 | Morzine | Seizinger | | |
| WC | 03.1992 | Vail | Seizinger | | |
| WC | 03.1992 | Panorama | | | Seizinger |
| WC | 12.1992 | Lake Louise | | Seizinger | |
| WC | 01.1993 | Cortina d'Amp. | | | Seizinger |
| WC | 01.1993 | Cortina d'Amp. | Seizinger | | |
| WC | 02.1993 | Veysonnaz | Seizinger | | |
| WC | 03.1993 | Morzine | Seizinger | | |
| WC | 12.1993 | Tignes | | Seizinger | |
| WC | 01.1994 | Cortina d'Amp. | Seizinger | | |
| OLS | 02.1994 | Kvitfjell | Seizinger | | |
| WC | 03.1994 | Whistler | Seizinger | | |
| WC | 03.1994 | Vail | Seizinger | | |
| WC | 12.1994 | Vail | | | Seizinger |
| WC | 12.1994 | Lake Louise | | | Seizinger |
| WC | 01.1995 | Cortina d'Amp. | | | Seizinger |
| WC | 01.1995 | Cortina d'Amp. | | | Seizinger |
| WC | 02.1995 | Are | | Seizinger | |
| WC | 12.1995 | Lake Louise | | Seizinger | |
| WC | 12.1995 | St. Anton | Seizinger | | |
| WC | 02.1996 | Val d'Isere | Seizinger | | |
| WM | 02.1996 | Sierra Nevada | | Seizinger | |
| WC | 03.1996 | Kvitfjell | | | Seizinger |
| WC | 11.1996 | Lake Louise | Seizinger | | |

**WC** - Weltcup          **WM** - Weltmeisterschaft          **OLS** - Olympische Spiele

89

# Katja Seizinger

## Abfahrtslauf

| Event | Datum | Event - Ort | Platz 1 | Platz 2 | Platz 3 |
|-------|-------|-------------|---------|---------|---------|
| WC | 12.1996 | Vail | | Seizinger | |
| WC | 01.1997 | Cortina d`Amp. | | | Seizinger |
| WC | 03.1997 | Vail | | Seizinger | |
| WC | 12.1997 | Lake Louise | Seizinger | | |
| WC | 12.1997 | Lake Louise | Seizinger | | |
| WC | 12.1997 | Val d`Isere | Seizinger | | |

## Slalom

| Event | Datum | Event - Ort | Platz 1 | Platz 2 | Platz 3 |
|-------|-------|-------------|---------|---------|---------|
| WC | 031997 | Vail | | | Seizinger |

## Riesenslalom

| Event | Datum | Event – Ort | Platz 1 | Platz 2 | Platz 3 |
|-------|-------|-------------|---------|---------|---------|
| WC | 01.1993 | Klovsio | Seizinger | | |
| WC | 03.1993 | Vemdalen | Seizinger | | |
| WC | 01.1994 | Maribor | | | Seizinger |
| WC | 01.1996 | Cortina d`Amp. | | | Seizinger |
| WC | 01.1996 | Maribor | | | Seizinger |
| WC | 01.1996 | Maribor | Seizinger | | |
| WC | 03.1996 | Hafiell | Seizinger | | |
| WC | 10.1996 | Sölden | Seizinger | | |
| WC | 01.1997 | Zwiesel | | | Seizinger |
| WC | 03.1997 | Cortina d`Amp. | | Seizinger | |
| WC | 10.1997 | Park City | | | Seizinger |
| WC | 01.1998 | Cortina d`Amp. | | Seizinger | |
| WC | 01.1998 | Bormio | | Seizinger | |
| WC | 01.1998 | Vail | | Seizinger | |
| OLS | 03.1998 | Nagano | | | Seizinger |

**WC -** Weltcup    **OLS -** Olympische Spiele

# Katja Seizinger
Su-G

| Event | Datum | Event - Ort | Platz 1 | Platz 2 | Platz 3 |
|-------|-------|-------------|---------|---------|---------|
| WC | 02.1990 | Meribel | | Seizinger | |
| WC | 12.1991 | Sta. Caterina | Seizinger | | |
| OLS | 02.1992 | Meribel | | | Seizinger |
| WC | 12.1992 | Lake Louise | Seizinger | | |
| WM | 02.1993 | Morioka | Seizinger | | |
| WC | 03.1993 | Morzine | | Seizinger | |
| WC | 03.1993 | Are | Seizinger | | |
| WC | 12.1993 | Flachau | | | Seizinger |
| WC | 01.1994 | Cortina d`Amp. | Seizinger | | |
| WC | 03.1994 | Mmt. Mountain | Seizinger | | |
| WC | 03.1994 | Vail | | Seizinger | |
| WC | 12.1994 | Lake Louise | Seizinger | | |
| OLS | 01.1995 | Haus/Enns | | Seizinger | |
| WC | 01.1995 | Flachau | | Seizinger | |
| WC | 03.1995 | Bormio | Seizinger | | |
| WC | 11.1995 | Vail | | Seizinger | |
| WC | 01.1996 | Garmisch-P. | Seizinger | | |
| WC | 02.1996 | Val d`Isere | Seizinger | | |
| WC | 02.1996 | Val d`Isere. | Seizinger | | Seizinger |
| WC | 03.1996 | Kvitfiell | | Seizinger | |
| WC | 12.1996 | Val d`Isere | | Seizinger | |
| WC | 01.1997 | Kleinkirchheim | | | Seizinger |
| WC | 01.1997 | Cortina d`Amp. | | | Seizinger |
| WM | 02.1997 | Sestriere | | Seizinger | |
| WC | 03.1997 | Mmt.Mountain | Seizinger | | |
| WC | 03.1997 | Vail | Seizinger | | |

WC - Weltcup          OLS - Olympische Spiele          WM - Weltmeisterschaft

91

# Katja Seizinger

## Su-G

| Event | Datum | Event - Ort | Platz 1 | Platz 2 | Platz 3 |
|-------|-------|-------------|---------|---------|---------|
| WC | 11.1997 | Mm. Mountain | Seizinger | | |
| WC | 12.1997 | Lake Louise | Seizinger | | |
| WC | 12.1997 | Val d`Isere | Seizinger | | |
| WC | 01.1998 | Cortina d`Amp. | Seizinger | | |

## Kombination

| Event | Datum | Event -Ort | Platz 1 | Platz 2 | Platz 3 |
|-------|-------|------------|---------|---------|---------|
| WM | 02.1997 | Sestriere | | Seizinger | |
| WC | 12.1997 | Val d`Isere | | Seizinger | |
| WC | 01.1998 | Are | | | Seizinger |
| OLS | 02.1998 | Nagano | Seizinger | | |

WC  - Weltcup
WM -  Weltmeisterschaft
OLS - Olympische Spiele

92

# Martina Ertl

12. September in Bad Tölz -

Mit Martina Ertl ist ein weiteres sportliches Schwergewicht im Bereich des alpinen deutschen Leistungssports hervor zu heben. 430 Weltcuprennen hat Martina Ertl bestritten, so viele wie keine Andere in jener Zeit. Ihr Durchbruch gelingt mit der Bronzemedaille im Riesenslalom bei den Weltmeisterschaften 1993 in Morioka. Im März und Dezember des selben Jahres folgte im Weltcup von Hafjell und Veysonnaz im Riesenslalom mit Podestplätzen die Bestätigung. Eine lange über zehn Jahre andauernde erfolgreiche Karriere stand vor ihr. Sie gewann drei olympische Medaillen: 1994 in Lillehammer Silbermedaille im Riesenslalom und 1998 in Nagano nochmals Silber in der Kombination. Und auch 2002 bei Olympia in Salt Lake City gelang ihr noch einmal der Griff nach Kombinations-Bronze. Von vier Weltmeisterschaften (1993, 1996, 2001, 2005) brachte Martina Ertl viermal Edelmetall nach Deutschland: Zweimal Gold als Weltmeisterin in der Kombination und im Team wie auch zweimal Bronze im Riesenslalom. Auch zweimal gelang es ihr in den Jahren 1996 und 1998 den Disziplin- Weltcup für sich zu entscheiden. Im Laufe ihrer beeindruckenden Karriere konnte sie vierzehn Weltcuprennen als Siegerin beenden und stand 57 mal auf dem Podium. Dreizehnmal wurde sie Deutsche Meisterin: Fünf mal im Slalom, siebenmal im Riesenslalom und einmal im Su-G. Aber auch sie blieb vor Verletzungen und Zwangspausen nicht verschont; aber sie stand auch immer wieder auf. So konnte sie in den Weltcup- Saisonen von 2002/03 und 2003/04 nochmals fünf Podestplatzierungen herausfahren, dabei ihren letzten Sieg in einem Weltcup am 25. Oktober 2003 in Sölden. Das allerletzte Rennen absolvierte sie im März 2006 in Are.

Geheiratet hat Martina Ertl 2005 und eine Tochter wie ein Sohn machen die Familie Ertl-Renz komplett. Als Co-Kommentatorin/ Expertin im Fernsehen war sie wiederholt präsent.

# Martina Ertl

## Abfahrtslauf

| Event | Datum | Event - Ort | Platz 1 | Platz 2 | Platz 3 |
|-------|-------|-------------|---------|---------|---------|
| WC | 01.2000 | Altenmarkt | | | Ertl |

## Slalom

| Event | Datum | Event - Ort | Platz 1 | Platz 2 | Platz 3 |
|-------|-------|-------------|---------|---------|---------|
| WC | 03.1994 | Mmt. Mountain | | | Ertl |
| WC | 03.1994 | Vail | | | Ertl |
| WC | 01.1995 | Garmisch-P. | Ertl | | |
| WC | 03.1995 | Lenzerheide | | | Ertl |
| PSL | 11.1997 | Mmt. Mountain | | Ertl | |
| WC | 03.1998 | Saalbach | Ertl | | |
| WC | 03.1998 | Crans Montana | | Ertl | |
| WC | 11.2000 | Park City | | Ertl | |
| WC | 11.2000 | Aspen | | Ertl | |
| WC | 03.2001 | Are | | Ertl | |
| WC | 01.2004 | Megeve | | | Ertl |
| WC | 01.2004 | Levi | | | Ertl |

## Kombination

| Event | Datum | Event - Ort | Platz 1 | Platz 2 | Platz 3 |
|-------|-------|-------------|---------|---------|---------|
| WC | 03.1995 | Lenzerheide | | | Ertl |
| WC | 12.1997 | Val d`Isere | | | Ertl |
| WC | 01.1998 | Are | | Ertl | |
| OLS | 02.1998 | Nagano | | Ertl | |
| WC | 12.1998 | Veysonnaz | | Ertl | |
| WM | 02.2001 | St. Anton | Ertl | | |
| OLS | 02.2002 | Snowbasin | | | Ertl |
| WC | 12.2002 | Lenzerheide | | Ertl | |

WC - Weltcup          OLS - Olympische Spiele          WM - Weltmeisterschaft

# Martina Ertl

Riesenslalom

| Event | Datum | Event - Ort | Platz 1 | Platz 2 | Platz 3 |
|-------|-------|-------------|---------|---------|---------|
| WM | 02.1993 | Morioka | | | Ertl |
| WC | 03.1993 | Hafjell | | Ertl | |
| WC | 12.1993 | Veysonnaz | | Ertl | |
| OLS | 02.1994 | Hafjell | | Ertl | |
| WC | 03.1994 | Vail | Ertl | | |
| WC | 02.1995 | Maribor | Ertl | | |
| WC | 12.1995 | Val d`Isere | Ertl | | |
| WC | 12.1995 | Veysonnaz | Ertl | | |
| WC | 01.1996 | Maribor | Ertl | | |
| WC | 01.1996 | Maribor | | | Ertl |
| WM | 02.1996 | Sierra Nevada | | | Ertl |
| WC | 03.1996 | Kvitfjell | | Ertl | |
| WC | 10.1997 | Tignes | | Ertl | |
| WC | 01.1998 | Bormio | | Ertl | |
| WC | 01.1998 | Bormio | Ertl | | |
| WC | 01.1998 | Cortina d`Amp. | Ertl | | |
| WC | 01.1998 | Are | Ertl | | |
| WC | 03.1998 | Crans Montana | | Ertl | |
| WC | 11.1998 | Park City | | Ertl | |
| WC | 01.1999 | Cortina d`Amp. | | Ertl | |
| WC | 01.2000 | Berchtesgaden | | | Ertl |
| WC | 10.2000 | Sölden | Ertl | | |
| WC | 01.2003 | Maribor | | | Ertl |
| WC | 10.2003 | Sölden | Ertl | | |
| WC | 01.2005 | Maribor | | | Ertl |

WC  - Weltcup
WM - Weltmeisterschaft
OLS - Olympische Spiele

95

# Martina Ertl

| Event | Datum | Event - Ort | Platz 1 | Platz 2 | Platz 3 |
|-------|-------|-------------|---------|---------|---------|
| WC | 12.1994 | Lake Louise | | | Ertl |
| WC | 03.1995 | Saalbach | | | Ertl |
| WC | 11.1995 | Vail | Ertl | | |
| WC | 01.1996 | Garmisch-P. | | Ertl | |
| WC | 03.1997 | Vail | | | Ertl |
| WC | 01.1998 | Altenmarkt | Ertl | | |
| WC | 12.1998 | Mmt Mountain | | | Ertl |
| WC | 12.1998 | Val d`Isere | | Ertl | |
| WC | 01.1999 | Maribor | | Ertl | |
| WC | 01.1999 | Cortina d`Amp. | | Ertl | |
| WC | 03.2000 | Bormio | | Ertl | |
| WC | 12.2000 | Lake Louise | | | Ertl |
| WC | 12.2002 | Lake Louise | | Ertl | |
| WC | 03.2003 | Liiiehammer | | Ertl | |
| WC | 01.2004 | Cortina d`Amp. | | Ertl | |
| WC | 01.2005 | Cortina d`Amp. | | | Ertl |
| WC | 03.2006 | Are | | | Ertl |

WC - Weltcup

# Regina Häusl

17. Dezember 1973 in Bad Reichenhall -

Im Februar 1992 sicherte sich Regine Häusl im Alter von neunzehn in Maribor die Weltmeistertitel im Riesenslalom und im Su-G bei den Junioren. In der Weltcup-Saison 1992/93 gewann sie einen Abfahrtslauf in Cortina d´Ampezzo und stand als Dritte auf dem „Treppchen" beim Su-G in Lake Louise. Aber ihren sportlich wertvollsten Erfolg erlebte Regina Häusl mit dem Gewinn der Gesamtwertung des Weltcups 1999/2000 in der Disziplin Abfahrt. Es gelang ihr zwar nicht in der Rennsaison dieses Zeitabschnitts einen Abfahrtslauf für sich zu entscheiden, aber fünf zweite Plätze neben 4 Top-Zehn-Platzierungen sprachen für sich und Regina Häusl. Überschattet war ihr Zieldurchlauf bei der letzten Abfahrt des Weltcup-Finales in Bormio, als sie stürzte und sich den rechten Oberschenkel wie auch das Wadenbein brach. Nach einem Riss des Kreuzbandes im Jahr 2005 beendet Regine Häusl den Leistungssport.

Abfahrtslauf

| Event | Datum | Event - Ort | Platz 1 | Platz 2 | Platz 3 |
|-------|-------|-------------|---------|---------|---------|
| WC | 01.1993 | Cortina d´Amp. | Häusl | | |
| WC | 03.1993 | Morzine | | Häusl | |
| WC | 12.1993 | Tignes | | | Häusl |
| WC | 11.1998 | Lake Louise | | | Häusl |
| WC | 02.1999 | Are | | | Häusl |
| WC | 12.1999 | St. Moritz | | Häusl | |
| WC | 01.2000 | Altenmarkt | | Häusl | |
| WC | 02.2000 | Santa Caterina | | Häusl | |
| WC | 02.2000 | Are | | Häusl | |
| WC | 02.2000 | Innsbruck | | Häusl | |

Su-G

| Event | Datum | Event - Ort | Platz 1 | Platz 2 | Platz 3 |
|-------|-------|-------------|---------|---------|---------|
| WC | 12.1991 | Lake Louise | | | Häusl |
| WC | 01.1998 | Cortina d´Amp. | | Häusl | |
| WC | 01.2000 | Altenmarkt | | | Häusl |

WC - Weltcup

# Annemarie Gerg

14. Juni 1975 in Bad Tölz -

Annemarie Gerg ist eine Cousine der erfolgreichen Olympiasiegerin Hilde Gerg. Als Juniorin war Annemarie Gerg recht erfolgreich. Das unterstrich sie bei den Junioren-Weltmeisterschaften 1994 von Lake Placid in den USA, als sie Silber und Bronze in der Abfahrt und im Su-G gewann. Zwischen 1997 bis 2003 konnte Annemarie Gerg sechs Deutsche Meistertitel realisieren. Fünfmal im Slalom und einmal im Riesenslalom. In der höchsten Kategorie des alpinen Skisports, den prestigeträchtigen Weltcuprennen konnte Annemarie Gerg bis auf einen zweiten Rang im Dezember 2006 im Slalom von Val d´Isere nicht mehr überzeugen. Wiederholte Verletzungen am rechten Knie und die daraus resultierenden vielen Ausfälle in den Rennen nagten an der Sicherheit wie am Selbstvertrauen. Die Konsequenzen daraus zog Annemarie Gerg durch ihren im September 2007 doch sehr überraschend verkündeten Rücktritt vom alpinen Rennsport. - Sie schloss später einen Studiengang mit dem Bachelor „Arts of Gesundheitsmanagement" ab. Bewegungs- und Gesundheitstherapie sind nun Annemarie Gerg´s berufliche Schwerpunkte.

## Slalom

| Event | Datum | Event - Ort | Platz 1 | Platz 2 | Platz 3 |
|-------|-------|-------------|---------|---------|---------|
| WC | 12.2006 | Val d´Isere | | Gerg | |

WC  - Weltcup

# Petra Haltmayr

16. September 1975 in Rettenberg/Allgäu –

Petra Haltmayr begann ihre leistungssportliche Karriere mit Stärken in den technischen Disziplinen wie dem Slalom und Riesenslalom, um später ihr größeres Potential bei den schnellen Disziplinen Abfahrt und Su-G zu entdecken. Im Januar 1996 konnte Haltmayr erstmals den Titel Deutsche Meisterin im Riesenslalom für sich beanspruchen, dem sie im Jahr 2000 die Titel in der Abfahrt und im Su-G beifügen konnte. Den vierten Meistertitel gewann Petra zum zweiten mal im Riesenslalom 2002. Zwei Jahre zuvor hatte sie bei ihrem Debüt im Weltcup mit einem Podestplatz von Rang Zwei im Abfahrtslauf von Lenzerheide/Schweiz überraschen können. Die Weltcup-Saison in 2000/01 ist ihre beste und auch erfolgreichste gewesen. Zwei Siege in Lake Louise im  Abfahrtslauf und Su-G wie ein dritter Platz in der Abfahrt von Lenzerheide sollten die letzten ihrer Erfolge im Weltcup sein.

Petra Haltmayr war Teilnehmerin an den Winter-Olympiaden 2002 von Salt Lake City wie auch von Turin 2006. Drei Weltmeisterschaften in St. Anton 2001, in Santa Caterina und Are 2007 bildeten ihre Aktivitäten für den Ski Verband Deutschlands ab. Nach der Weltmeisterschaft in Are/Schweden gab Petra Haltmayr ihren Rücktritt vom Leistungssport Ski Alpin bekannt. Schon im März 2006 hatte die ehemalige Sportsoldatin an der Fachhochschule von Ansbach ein Studium für Internationales Management begonnen.

## Abfahrtslauf

| Event | Datum | Event - Ort | Platz 1 | Platz 2 | Platz 3 |
|-------|-------|-------------|---------|---------|---------|
| WC | 03.2000 | Lenzerheide | | Haltmayr | |
| WC | 11.2000 | Lake Louise | Haltmayr | | |
| WC | 02.2001 | Lenzerheide | | | Haltmayr |

## Su-G

| Event | Datum | Event - Ort | Platz 1 | Platz 2 | Platz 3 |
|-------|-------|-------------|---------|---------|---------|
| WC | 12.2001 | Lake Louise | Haltmayr | | |

WC - Weltcup

# Mathilde „Hilde" Gerg

25. Oktober 1975 in Lenggries –

Hilde Gerg ist die Dritte unseres Trios in der Weltklasse, die sich zu Katja Seizinger und Martina Ertl zugesellt und die 90er Jahre zu den Jubeljahren im Deutschen Ski Verband machten, was Erfolge in der Vielzahl und Häufigkeit betraf. Die „Wilde Hilde", wie Hilde Gerg wegen ihres Temperaments und dem Fahrstil von Fans und Medien tituliert wurde, hat sich in ihrer aktiven Zeit durch den Gewinn ihrer sechs Medaillen bei den Olympischen Spielen und Weltmeisterschaften ehren lassen können. Die wertvollste, die Goldmedaille im Slalom von Nagano 1998, und die Bronzemedaille in der Kombination gab es noch obendrauf. Es waren sicherlich Momente des Glücks, die man nie vergessen wird. Schon ein Jahr vorher bei den Weltmeisterschaften 1997 in Sestriere hatte es Bronze im Su-G und in der Kombination gegeben. Auch bei der WM 2001 in St. Anton sprang noch einmal Bronze in ihrer eigentlich neben der Abfahrt stärksten Waffe, beim Su-G heraus. Ihren ersten Weltcup sieg hatte Hilde bereits im Februar 1994 in der Sierra Nevada Spaniens im Su-G einfahren können. Und fünf Wochen später wurde sie in Lake Placid Junioren-Weltmeisterin im Su-G. Insgesamt, außer ihren olympischen und weltmeisterlichen Meriten gelangen Hilde Gerg noch zwanzig Weltcupsiege. Alles war dabei, Siege in Abfahrt, Su-G Slalom, Riesenslalom und Kombination. Außerdem künden weitere 38 Plätze auf dem Podest, das heißt neben dem Sieger zu stehen, eine überragende Bilanz im Weltcup. Es ist fast logisch, das Hilde auch vierfache Disziplin-Weltcupsiegerin mit je zweimal im Su-G und der Kombination wurde. Weiter Sie besitzt zwei Deutsche Meistertitel in ihren zwei stärksten Disziplinen: 1997 im Su-G und 2005 und in der Abfahrt. Durch eine schwere Verletzung beeinträchtigt, zieht sich Hilde Gerg kurz vor Beginn der neuen Saison im Jahr 2005 vom Skirennsport zurück.

Von 2006 bis 2012 begleitete Hilde Gerg das Fernsehen oft als Co-Kommentatorin bei wichtigen alpinen Ski-Events. Nach dem frühen Tode ihres Mannes Wolfgang Graßl, den sie im Jahr 2000 geheiratet hatte, ist sie seit 2014 wieder vermählt und ist Mutter von drei Kindern.

# Mathilde „Hilde" Gerg

| Event | Datum | Event – Ort | Platz 1 | Platz 2 | Platz 3 |
|-------|-------|-------------|---------|---------|---------|
| WC | 01.1997 | Kleinkirchheim | | Gerg | |
| WC | 12.1997 | Val d`Isere | | Gerg | |
| WC | 12.1998 | Veysonnaz | Gerg | | |
| WC | 01.1999 | St. Anton | | | Gerg |
| WC | 01.1999 | Cortina d`Amp. | | | Gerg |
| WC | 11.1999 | Lake Louise | | Gerg | |
| WC | 12.1999 | St. Moritz | | | Gerg |
| WC | 03.2001 | Are | Gerg | | |
| WC | 01.2002 | Saalbach | Gerg | | |
| WC | 01.2002 | Saalbach | Gerg | | |
| WC | 02.2002 | Lenzerheide | | | Gerg |
| WC | 12.2002 | Lake Louise | Gerg | | |
| WC | 03.2003 | Innsbruck | | | Gerg |
| WC | 12.2003 | Lake Louise | | Gerg | |
| WC | 12.2003 | St. Moritz | | Gerg | |
| WC | 01.2004 | Veysonnaz | | Gerg | |
| WC | 01.2004 | Cortina d`Amp. | Gerg | | |
| WC | 12.2004 | Lakelouise | | | Gerg |
| WC | 12.2004 | Lake Louise | Gerg | | |
| WC | 01.2005 | Santa Caterina | | | Gerg |
| WC | 01.2005 | Cortina d`Amp. | | | Gerg |
| WC | 02.2005 | San Sicario | | | Gerg |
| WC | 03.2005 | Lenzerheide | | | Gerg |

**WC -** Weltcup

# Mathilde „Hilde" Gerg

| Event | Datum | Event - Ort | Platz 1 | Platz 2 | Platz 3 |
|-------|-------|-------------|---------|---------|---------|
| WC | 02.1994 | Sierra Nevada | Gerg | | |
| WC | 03.1994 | Mmt. Mountain | | | Gerg |
| WC | 02.1996 | Val d`Isere | | | Gerg |
| WC | 12.1996 | Lake Louise | | Gerg | |
| WC | 12.1996 | Val d`Isere | Gerg | | |
| WM | 02.1997 | Sestriere | | | Gerg |
| WC | 03.1997 | Mmt. Mountain | | Gerg | |
| WC | 03.1997 | Vail | | Gerg | |
| WC | 12.1997 | Lake Louise | | Gerg | |
| WC | 12.1997 | Val d`Isere | | | Gerg |
| WC | 11.1998 | Lake Louise | | | Gerg |
| WC | 01.1999 | Maribor | Gerg | | |
| WC | 11.1999 | Lake Louise | | Gerg | |
| WC | 12.1999 | Val d`Isere | | Gerg | |
| WM | 01.2001 | St. Anton | | | Gerg |
| WC | 12.2001 | Val d`Isere | Gerg | | |
| WC | 01.2002 | Cortina d`Amp. | Gerg | | |
| WC | 03.2002 | Altenmarkt | | | Gerg |
| WC | 11.2002 | Aspen | Gerg | | |
| WC | 01.2003 | Cortina d`Amp. | | | Gerg |
| WC | 12.2003 | Lake Louise | | | Gerg |
| WC | 01.2004 | Vevsonnaz | Gerg | | |
| WC | 01.2004 | Cortina d`Amp. | | | Gerg |
| WC | 01.2004 | Cortina d`Amp. | | | Gerg |
| WC | 12.2004 | St. Moritz | Gerg | | |

WC - Weltcup
WM - Weltmeisterschaft

# Mathilde „Hilde" Gerg

## Slalom

| Event | Datum | Event – Ort | Platz 1 | Platz 2 | Platz 3 |
|-------|-------|-------------|---------|---------|---------|
| WC/PSL | 11.1997 | Mmt. Mountain | Gerg | | |
| WC | 01.1998 | Bormio | | Gerg | |
| WC | 01.1998 | Bormio | Gerg | | |
| WC | 01.1998 | Are | | Gerg | |
| OLS | 02.1998 | Nagano | Gerg | | |
| WC | 03.1998 | Crans Montana | | | Greg |
| WC | 01.1999 | Maribor | | Gerg | |

## Kombination

| Event | Datum | Event – Ort | Platz 1 | Platz 2 | Platz 3 |
|-------|-------|-------------|---------|---------|---------|
| WC | 12.1995 | St. Anton | | | Gerg |
| WC | 02.1997 | Laax | | Gerg | |
| WM | 02.1997 | Sestriere | | | Gerg |
| WC | 12.1997 | Val d`Isere | Gerg | | |
| WC | 01.1998 | Are | Gerg | | |
| OLS | 02.1998 | Nagano | | | Gerg |
| WC | 12.1998 | Veysonnaz | Gerg | | |
| WC | 01.1999 | St. Anton | | Gerg | |

WC - Weltcup
OLS - Olympische Spiele
WM - Weltmeisterschaft

# Monika Bergmann

17. April 1978 in Lam/Bayrischer Wald -

Als 19-jährige wurde Monika Bergmann 1997 im österreichischen Schladming Junioren-Weltmeisterin im Abfahrtslauf. Noch mehr zu bewerten aber für sie war der Gewinn des Weltmeistertitels im Team 2005 in Bormio/Italien mit ihren Mannschaftskollegen Andreas Ertl, Martina Ertl, Florian Eckert, Hilde Gerg und Felix Neureuther. Monika Bergmann startete dreimal bei Olympia 1998, 2002 und 2006. Bestes Ergebnis bei den olympischen Events ist Platz 6 im Slalom von Salt Lake City 2002 gewesen. Im Weltcup erreichte Monika Bergmann in den Jahren von 2001 bis 2005 im Slalom, ihrer starken Disziplin mit sechs Podest-Plätzen sehr ansprechende und konstante Leistungen. Die Saison 2003/04 beendet sie als Dritte des Disziplin-Weltcups im Slalom hinter Anja Paerson/Schweden und Marlis Schild/Österreich. Fünfmal in Folge von 2004 bis zum Jahr 2008 gewann Monika Bergmann im Slalom den Deutschen Meistertitel.

Nach der Verheiratung startete sie für den Deutschen Skiverband unter dem Namen Bergmann-Schmuderer. Zum Ende der Saison 2008/09 gab sie ihren Rücktritt vom Leistungssport bekannt. 2010 schloss sie ein Studium mit dem „Bachelor of Arts International Management" ab und ist seit dem in der freien Wirtschaft tätig.

Slalom

| Event | Datum | Event - Ort | Platz 1 | Platz 2 | Platz 3 |
|-------|-------|-------------|---------|---------|---------|
| WC | 12.2001 | Lienz | | Bergmann | |
| WC | 03.2003 | Are | | | Bergmann |
| WC | 12.2003 | Lienz | | | Bergmann |
| WC | 01.2004 | Megeve | | | Bergmann |
| WC | 02.2004 | Zwiesel | | Bergmann | |
| WC | 01.2005 | Santa Caterina | | | Bergmann |

WC - Weltcup

# Kathrin Hölzl

18. Juli 1984 in Berchtesgaden -

Kathrin Hölzl stand schon mit drei Jahren auf Skiern mit fünfzehn bei FIS-Rennen und mit siebzehn im Europacup eingesetzt, galt sie als Spätstarterin was den Weltcup betraf. Ihren ersten Einsatz hier bekam Kathrin Hölzl am 15. Dezember 2001 in Val d´Isere beim „Kriterium des ersten Schnee". Es sollte mehr als sechs Jahre andauern, bis sich der so heiß ersehnte Podiumsplatz realisierte. Am 18. März 2007 erfüllten sich endlich ihre Hoffnungen mit Platz Zwei im Riesenslalom des Weltcup-Finales von Lenzerheide. Ausschließlich der Riesenslalom war ihr Ding. Alle ihre Erfolge erzielte sie in dieser, ihrer Paradedisziplin. Die Rennsaison 2008/09 begann recht maßvoll. Ein dritter Rang in Maribor. Aber im Februar 2009 bei der Weltmeisterschaft der Alpinen in Val d´Isere dann der ganz große Knall: Kathrin Hölzl, Deutschland heißt die neue Weltmeisterin im Riesenslalom. 31 Jahre nach Marie Epple´s Weltmeisterschaftserfolg von 1978. Kathrin Hölzl´s gute Form hielt an, und im November folgte in Aspen/USA dann auch ihr erster Weltcupsieg, wieder im Riesenslalom. Der Dritte Streich glückte ihr im Dezember in Lienz. Beim Weltcup-Finale in Garmisch-Partenkirchen gelang ihr mit dem zweiten Platz des Riesenslaloms den Disziplin-WC 2009/10 für sich zu entscheiden. Logisch auch, das Kathrin den einzigen Deutschen Meistertitel im Riesenslalom für sich entscheidet. Zu Beginn der neuen Saison 2010/11 startete Kathrin Hölzl mit drei Podestplätzen, aber schon länger sie plagende Rückenschmerzen fordern Tribut und sie fiel den Rest Saison aus. Ihr Zustand besserte sich auch nicht bei ihren Starts 2011/12, bei denen sie mehrfach aufgeben muss. Dann im Oktober 2013 gab Kathrin bedauernd ihren Rücktritt bekannt.

# Kathrin Hölzl

Riesenslalom

| Event | Datum | Event - Ort | Platz 1 | Platz 2 | Platz 3 |
|-------|-------|-------------|---------|---------|---------|
| WC | 03.2007 | Lenzerheide | | Hölzl | |
| WC | 01.2009 | Maribor | | | Hölzl |
| WM | 02.2009 | Val d`Isere | Hölzl | | |
| WC | 11.2009 | Aspen | Hölzl | | |
| WC | 12.2009 | Lienz | Hölzl | | |
| WC | 01.2010 | Cortin d`Amp. | | | Hölzl |
| WC | 03.2010 | Garmisch-P. | | Hölzl | |
| WC | 10.2010 | Sölden | | Hölzl | |
| WC | 11.2010 | Aspen | | | Hölzl |
| WC | 12.2010 | Semmering | | | Hölzl |

WC - Weltcup
WM - Weltmeisterschaft

# Maria Riesch

24. November 1984 in Garmisch-Partenkirchen –

Mit der am 20. März 2014 zurückgetretenen Ski-Ass Maria Riesch ist die letzte Vertreterin einer goldenen starken Frauenpower von Bord gegangen, sieht man von der noch aktiven Viktoria Rebensburg einmal ab. Maria Riesch war und wurde die Hoffnungsträgerin nach der Ära Seizinger, Ertl und Gerg. Nach den großen Erfolgen ist sie zweifelsohne in einem Atemzug mit den alpinen deutschen Stars der Vergangenheit wie vormals Christl Cranz, Ossi Reichert, Mirl Buchner, Rosi Mittermaier, Katja Seizinger oder auch Hilde Gerg zu nennen. Schon in Maria Riesch`s Juniorenzeit deuteten sich Talent und das Potential überzeugend an: 5x Gold, 2x Silber und 2x Bronze gewann Maria Riesch schon bei den Junioren-Weltmeisterschaften. Eine stolze Bilanz, die hier bereits andeutet, welches Talent sich da entwickelt hat. Während ihrer aktiven Zeit aber blieb auch Maria nicht von Verletzungen ausgenommen. Die Weltcup-Ergebnisse in den Jahren 2004/05 und auch 2005/06 waren daher auch eher bescheiden ausgefallen. Aber sie kehrte zurück zu alter oder besser neuer Leistungsstärke. Die Ergebnisse sprechen für sich. Bei Olympia in Vancouver 2010 und 2014 im russischen Sotschi bestanden die Medaillengewinne aus 3x Gold und 1x Silber. Bei den alle zwei Jahre stattfindende Weltmeisterschaften von 2oo9, 2011 , 2013 in Val d`Isere, Garmisch-Partenkirchen und Schladming waren es nicht viel weniger, die Riesch nach Hause brachte: 2x Gold und 4x eine Bronzemedaille. Überragend auch die Bilanzen im Weltcup-Geschehen. 27 Weltcup-Rennen gewann Maria Riesch, weitere 54 Mal stand sie auch dem Podest als Zweite oder Dritte. Noch eine Trophäe nennt sie ihr Eigen durch den Sieg im Gesamt-Weltcup 2010/11 vor ihrer Dauerrivalin der letzten Jahre Lindsey Vonn aus den USA. Schon in 2008/09 und 2009/10 gewinnt Maria den Disziplin-Weltcup im Slalom. Fünfmal wurde sie Deutsche Titelträgerin: In der Abfahrt dreimal (2001, 2002, 2007) und zweimal im Su-G (2001, 2004).
Zahlreiche Ehrungen um die Verdienste ihres Sports wurden Maria Riesch noch in ihrer aktiven Zeit angetragen und verliehen. Das Silberne Lorbeerblatt des Bundespräsidenten und ihre zweimalige Wahl zur Sportlerin des Jahres 2010 und 2014 stehen stellvertretend für noch andere. Im April 2011 hatte sie ihren langjährigen Manager Marcus Höfl geheiratet.

Ein schwerer Sturz im Abfahrtslauf beim Weltcup-Finale von Lenzerheide läutet das Karriere-Ende von Maria Riesch ein. Trotz dieses Missgeschicks gewinnt sie sich noch einmal den Disziplin-Weltcup : Abfahrtslauf 2013/14. Am 20. März 2014 sagte Maria Riesch dem Wettkampfsport für immer Adieu.

Abfahrtslauf

| Event | Datum | Event – Ort | Platz 1 | Platz 2 | Platz 3 |
|-------|-------|-------------|---------|---------|---------|
| WC | 12.2003 | St. Moritz | | | Riesch |
| WC | 01.2004 | Haus/Ennstal | Riesch | | |
| WC | 12.2006 | Lake Louise | Riesch | | |
| WC | 12.2007 | St. Moritz | | | Riesch |
| WC | 12.2008 | Lake Louise | | | Riesch |
| WC | 03.2009 | Are | | Riesch | |
| WC | 12.2009 | Lake Louise | | | Riesch |
| WC | 12.2009 | Lake Louise | | Riesch | |
| WC | 01.2010 | Haus/Ennstal | | | Riesch |
| WC | 01.2010 | Cortina d`Amp. | | Riesch | |
| WC | 01.2010 | St. Moritz | Riesch | | |
| WC | 03.2010 | Garmisch- P. | Riesch | | |
| WC | 12.2010 | Lake Louise | Riesch | | |
| WC | 12.2010 | Lake Louise | Riesch | | |
| WC | 01.2011 | Cortina d`Amp. | Riesch | | |
| WM | 02.2011 | Garmisch-P. | | | Riesch |
| WC | 02.2011 | Are | | | Riesch |
| WC | 01.2012 | Cortina d`Amp. | | | Riesch |
| WC | 01.2012 | St. Moritz | | Riesch | |
| WC | 02.2012 | Sotschi | Riesch | | |
| WC | 11.2012 | Lake Louise | | | Riesch |
| WM | 02.2013 | Schladming | | | Riesch |
| WC | 02.2013 | Meribel | | Riesch | |
| WC | 03.2013 | Garmisch-P. | | | Riesch |
| WC | 12.2013 | Lake Louise | Riesch | | |
| WC | 12.2013 | Lake Louise | Riesch | | |

# Maria Riesch

| Event | Datum | Event - Ort | Platz 1 | Platz 2 | Platz 3 |
|-------|-------|-------------|---------|---------|---------|
| WC | 01.2014 | Altenmarkt | | | Riesch |
| WC | 01.2014 | Cortina d`Amp. | Riesch | | |

Su-G

| Event | Datum | Event -Ort | Platz 1 | Platz 2 | Platz 3 |
|-------|-------|------------|---------|---------|---------|
| WC | 01.2004 | Cortina d`Amp. | | Riesch | |
| WC | 02.2004 | Haus/Ennstal | Riesch | | |
| WC | 03.2004 | Sestriere | | Riesch | |
| WC | 12.2004 | St. Moritz | | | Riesch |
| WC | 12.2007 | Lake Louise | | Riesch | |
| WC | 01.2008 | Cortina d`Amp. | Riesch | | |
| WC | 02.2008 | Sestriere | | | Riesch |
| WC | 03.2009 | Are | | | Riesch |
| WC | 12.2010 | Lake Louise | | Riesch | |
| WC | 01.2011 | Cortina d`Amp. | | Riesch | |
| WM | 02.2011 | Garmisch-P. | | | Riesch |
| WC | 02.2011 | Are | Riesch | | |
| WC | 03.2011 | Tarvisio | | | Riesch |
| WC | 01.2012 | Cortina d`Amp. | | Riesch | |
| WC | 03.2013 | Garmisch-P. | | Riesch | |
| WC | 01.2014 | Cortina d`Amp. | | Riesch | |
| WC | 01.2014 | Cortina d`Amp. | | | Riesch |
| OLS | 02.2014 | Sotschi | | Riesch | |

WC - Weltcup
WM - Weltmeisterschaft
OLS - Olympische Spiele

# Maria Riesch

| Event | Datum | Event - Ort | Platz 1 | Platz 2 | Platz 3 |
|-------|-------|-------------|---------|---------|---------|
| WC | 02.2004 | Levi | | | Riesch |
| WC | 02.2004 | Levi | Riesch | | |
| WC | 01.2008 | Spindler Mlyn | | | Riesch |
| WC | 11.2008 | Levi | | | Riesch |
| WC | 12.2008 | La Molina | Riesch | | |
| WC | 12.2008 | Semmering | Riesch | | |
| WC | 01.2009 | Zagreb | Riesch | | |
| WC | 01.2009 | Maribor | Riesch | | |
| WC | 01.2009 | Garmisch-P. | | Riesch | |
| WM | 02.2009 | Val d`Isere | Riesch | | |
| WC | 11.2009 | Levi | Riesch | | |
| WC | 12.2009 | Are | | Riesch | |
| WC | 01.2010 | Flachau | | Riesch | |
| WC | 01.2010 | Maribor | | | Riesch |
| OLS | 02.2010 | Whistler | Riesch | | |
| WC | 03.2010 | Garmisch-P. | | | Riesch |
| WC | 11.2010 | Levi | | Riesch | |
| WC | 11.2010 | Aspen | | Riesch | |
| WC | 12.2010 | Semmering | | Riesch | |
| WC | 01.2011 | Zagreb | | Riesch | |
| WC | 01.2011 | Flachau | Riesch | | |
| WC | 11.2011 | Aspen | | | Riesch |
| WC | 12.2011 | Flachau | | Riesch | |
| WC | 03.2012 | Are | Riesch | | |
| WC | 11.2012 | Levi | Riesch | | |
| WC | 11.2013 | Levi | | Riesch | |
| WC | 12.2013 | Lienz | | | Riesch |

WC - Weltcup        WM - Weltmeisterschaft        OLS - Olympische Spiele

# Maria Riesch

Riesenslalom

| Event | Datum | Event - Ort | Platz 1 | Platz 2 | Platz 3 |
|-------|-------|-------------|---------|---------|---------|
| WC | 01.2010 | Maribor | | Riesch | |
| WC | 03.2010 | Garmisch- P. | | | Riesch |
| WC | 12.2010 | Semmering | | Riesch | |
| WC | 02.2012 | Sed. Grandvalira | | | Riesch |

Kombination

| Event | Datum | Event -Ort | Platz 1 | Platz 2 | Platz 3 |
|-------|-------|------------|---------|---------|---------|
| WC | 12.2002 | Lenzerheide | | | Riesch |
| WC | 12.2007 | St. Anton | | Riesch | |
| WC | 02.2008 | Whistler | Riesch | | |
| WC | 03.2008 | Crans Montana | | Riesch | |
| WC | 02.2009 | Tarvisio | Riesch | | |
| WC | 12.2009 | Val d`Isere | | Riesch | |
| OLS | 02.2010 | Whistler | Riesch | | |
| WC | 02.2011 | Are | Riesch | | |
| WC | 03.2011 | Tarvisio | | | Riesch |
| WC | 01.2012 | St. Moritz | Riesch | | |
| WM | 02.2013 | Schladming | Riesch | | |
| WC | 01.2014 | Altenmarkt | | | Riesch |
| OLS | 02.2014 | Sotchi | Riesch | | |

OLS - Olympische Spiele
WM - Welltmeisterschaft
WC - Weltcup

111

# Fanny Chmelar

31. Oktober 1985 in Weilheim/Oberbayern -

Fanny Chmelar hat ihr Potenzial, das sie ohne Zweifel im Schüler- und im Jugendbereich besaß, nie wirklich umsetzen können. In der späteren aktiven Zeit und Kader-Zugehörigkeit zeigte sie im Jahre 2009 ihre besten Leistungen. So wurde Fanny Chmelar am Oberjoch Deutsche Meisterin im Slalom, holte in Garmisch-Partenkirchen den Titel im Su-G und entschied die Su-Kombination gleichfalls für sich. Bezeichnenderweise für ihre sehr gute Verfassung im Jahr 2009, resultierte auch daraus Fanny Chmelars einziges Weltcup-Ergebnis auf dem Podest. Ein zweiter Rang im Slalom von Are beim Weltcup-Finale in Schweden. Später bei im Weltcup nachgeordneten FIS-Rennen im Europacup zeitigte Fanny sehr gute Platzierungen, die der Deutsche Skiverband zum Anlass nahm, sie für die Weltmeisterschaften 2007 in Are und auch später in Garmisch-Partenkirchen 2011 zu nominieren. Auch nominierte der Skiverband Chmelar für die Olympischen Winterspielen von Vancouver 2010 in Kanada. Allen ihren Starts fehlten aber herausragende Platzierungen. Fehlende Erfolge nagen in bekannter Weise am Selbstvertrauen, und gaben Fanny Chmelar vielleicht Anlass, im März 2013 dem Skirennen Adieu zu sagen. - In ihrem letzten Rennen innerhalb des Weltcup in Ofterschwang fuhr sie den Parcours origineller Weise in einem Ballett-Röckchen, dem Tutu, herab.

Slalom

| Event | Datum | Event - Ort | Platz 1 | Platz 2 | Platz 3 |
|-------|-------|-------------|---------|---------|---------|
| WC | 03.2009 | Are | | Chmelar | |
| | | | | | |

WC - Weltcup

# Gina Stechert

20. November 1987 in Oberstdorf/Allgäu –

Die schnellen Disziplinen, Abfahrt und Su-G, das waren ihr Metier. Nach den Einsätzen bei FIS- und Europacup-Rennen, startete Gina Stechert am 21.12. 2004 in den Weltcup. Gute Ergebnisse konnte sie aber nicht erzielen. Der Riss des Kreuzbandes im rechten Knie bei der Junioren-Weltmeisterschaft 2005 setzte sie zunächst außer Gefecht. Aber im März des folgenden Jahres gewann Gina Stecher den Deutschen Titel im Abfahrtslauf, den sie im Jahr 2008 noch mal erringen konnte. 2007 hatte Stechert den Kombinationstitel gewinnen können. Im Februar bei der alpinen Weltmeisterschaft 2009 von Val d`Isere war Gina Stechert weit von vorderen Plätzen entfernt. Aber 14 Tage später sollte doch noch ihr Monat und Tag des persönlichen Höhepunkts einer sonst nicht aufregenden Karriere werden. Das Weltcup-Abfahrtsrennen von Tarvisio am 21. Februar gewann Gina Stechert mit dem hauchdünnen Vorsprung einer 1/100 Sek. vor der ausgemachten Favoritin Lindsey Vonn aus den USA.

Im März zog sich Stechert erneut einen Kreuzbandriss zu, dies mal im linken Knie. Einen vierten Deutschen Titel, den im Su-G konnte sie 2010 überraschend für sich einfahren. Bei den TOP-Events, Olympia 2010 in Vancouver und der WM 2011 in Garmisch-Partenkirchen kam sie sehr weit weg von den vorderen Rängen ins Ziel. Ein schwerer Sturz beim Eröffnungsrennen führte zum Aus in der Saison. Das Verletzungspech klebte an Gina Stechert. In der Saison-Vorbereitung 2011/12 in Chile riss Gina zum dritten Mal das Kreuzband und nach der Rückkehr ins Renngeschehen riss die Patella-Sehne in Altenmarkt, Anlass für Gina Stechert 2015 zurückzutreten.

Slalom

| Event | Datum | Event - Ort | Platz 1 | Platz 2 | Platz 3 |
|-------|-------|-------------|---------|---------|---------|
| WC | 02.2009 | Tarvisio | Stechert | | |
| | | | | | |

WC - Weltcup

# Susanne Riesch

08. Dezember 1987 in Garmisch-Partenkirchen –

Susanne Riesch ist Schwester der Olympiasiegerin und Weltmeisterin bei den Alpinen Maria Riesch. Im Nationalkader befand sich Susanne Riesch ab der Saison 2007/08. Erstmals am 13. Dezember 2009 erreichte sie als Dritte des Slaloms von Are ein Weltcup-Ergebnis auf dem Podium. Die vierten Ränge von Levi und Aspen in den vorangegangenen Rennen rechtfertigten Hoffnungen, selbst ihrer Schwester Maria Riesch bald Konkurrenz zu machen zu können. Nur knapp vier Wochen später fuhr sie erneut als Slalom-Dritte in Zagreb aufs Podest. Und im März 2009 siegte Susanne Riesch im Riesenslalom bei den Deutschen Meisterschaften, um ein Jahr später auch den Titel in der Kombi zu gewinnen. Sie war auf dem besten Weg eine Weltklasse-Alpine zu werden. Ihre guten Ergebnisse rechtfertigten Susanne an den Weltmeisterschaften 2007 in Are und Val d`Isere 2009 teilnehmen zu lassen. Bei beiden Events schied sie jeweils im zweiten Durchgang des Slaloms aus. Das Gleiche passierte leider bei den Olympischen Spielen 2010 von Vancouver, aussichtsreich auf Platz Vier liegend im zweiten Lauf auszuscheiden. Eine sehr schwere Verletzung, die sie sich im Training zu einer Abfahrt in den Anden/Chile zuzog, hatte unabsehbare Folgen. Die furchtbare Diagnose: Ein Bruch des linken Schienbeinkopfes, ein Kreuzbandriss und eine Meniskus-Fraktur zwangen Susanne Riesch die Saison 2011/12 wie auch 2012/13 ganz auszulassen. Ein geplantes Comeback für die Saison 2013/14 , mit der einer Qualifikation zu den Olympischen Spielen in Sotschi verhinderte eine erneute Operation am linken Knie. Sehr verzweifelt hängte Susanne Riesch ihre alpinen Zukunftspläne am 06. Januar 2015 für immer an den Nagel.

## Slalom

| Event | Datum | Event - Ort | Platz 1 | Platz 2 | Platz 3 |
|-------|-------|-------------|---------|---------|---------|
| WC | 12.2009 | Are | | | Riesch |
| WC | 01.2010 | Zagreb | | | Riesch |

WC - Weltcup

# Viktoria Rebensburg

04. Oktober 1989 in Kreuth/Oberbayern -

Erst 16 Jahre war Viktoria Rebensburg alt, als sie 2006 den deutschen Meistertitel im Su-G gewann. Aufgrund ihrer starken Auftritte im Su-G und Riesenslalom bei Europacuprennen nominierte sie der DSV für die alpine Weltmeisterschaft 2007 im schwedischen Are. Das Vertrauen rechtfertigte Viktoria Rebensburg mit Rang 8 im Riesenslalom. Im Februar 2008 der Durchbruch, sie wurde Junioren-Weltmeisterin im Su-G. Eine Silber- und die Bronzemedaille im Riesenslalom und der Abfahrt komplettierten den Medaillensatz. Im März folgten die deutschen Titel Zwei und Drei in den gleichen Disziplinen. Mehr und mehr entpuppte sich Viktoria als eine fasst sichere Bank bei der Nominierung von Favoriten. Bei der bevorstehenden Juniorenweltmeisterschaft 2009 triumphierte sie auch wieder im Su-G, und etwas später dann auch beim Riesenslalom von Garmisch-Partenkirchen. Viktorias erster Podiumsplatz im Weltcup folgte dann am 24. Januar 2010 in Cortina d`Ampezzo mit Platz 2 im Riesenslalom. So war es keine allzu große Überraschung mehr, dass sie bei den Olympischen Winterspielen von 2010 mit zu den Favoritinnen gehörte. Wunschtraum? Nein! Viktoria gewinnt im kanadischen Vancouver dann auch die Goldmedaille. Es folgen im Weltcup viele weitere Siege und Plätze auf dem Podest. Viktoria Rebensburg gewann zweimal die Disziplinwertung im Riesenslalom in den Jahren 2010/11 und 2011/12 des Weltcups. Die Spiele in Sotchi 2014 beendete sie mit einer weiteren olympischen Medaille in Bronze für den Riesenslalom. Um die erste Medaille bei einer Weltmeisterschaft kämpfte sie 2015 in Vail/USA, die sie mit Silber im Riesenslalom abschloss. 2017, bei der WM in St. Moritz blieb sie ohne die erhoffte Platzierung für eine Medaille. Aber weiterhin mischte sie mit im Kampf um Weltcup-Erfolge. Und So gewann Rebensburg noch drei Riesenslaloms 2017/18 neben fünf zweiten Plätzen auf dem Podium. Auch in 2019/20 war sie mit dem Abfahrtserfolg und zwei Siegen im Su-G neben fünf Platzierungen auf dem Podest des Weltcups vertreten. Überraschend um so mehr, der Rücktritt der Weltklasse-Athletin, den Viktoria Rebensburg Anfang September endgültig wegen einer wiederkehrenden Verletzung bekannt gab.

# Viktoria Rebensburg
Abfahrtslauf

| Event | Datum | Event - Ort | Platz 1 | Platz 2 | Platz 3 |
|-------|-------|-------------|---------|---------|---------|
| WC | 12.2014 | Val d`Isere | | Rebensburg | |
| WC | 01.2015 | Cortina d`Amp. | | | Rebensburg |
| WC | 02.2016 | Garmisch- P. | | | Rebensburg |
| WC | 01.2017 | Val d`Isere | | | Rebensburg |
| WC | 12.2017 | Lake Louise | | Rebensburg | |
| WC | 03.2019 | Soldeu | | Rebensburg | |
| WC | 02.2020 | Garmisch-P | Rebensburg | | |

Su-G

| Event | Datum | Event - Ort | Platz 1 | Platz 2 | Platz 3 |
|-------|-------|-------------|---------|---------|---------|
| WC | 03.2012 | Schladming | Rebensburg | | |
| WC | 01.2013 | Cortina | Rebensburg | | |
| WC | 01.2016 | Cortina | | | Rebensburg |
| WC | 02.2016 | Garmisch-P. | | Rebensburg | |
| WC | 03.2018 | Are | | Rebensburg | |
| WC | 12.2018 | Lake Louise | | | Rebensburg |
| WC | 03.2019 | Soldeu | Rebensburg | | |
| WC | 12.2019 | Lake Louise | Rebensburg | | |

Riesenslalom

| Event | Datum | Event - Ort | Platz 1 | Platz 2 | Platz 3 |
|-------|-------|-------------|---------|---------|---------|
| WC | 01.2010 | Cortina | | Rebensburg | |
| OLS | 02.2010 | Whistler | Rebensburg | | |
| WC | 10.2010 | Sölden | Rebensburg | | |
| WC | 11.2010 | Aspen | | Rebensburg | |
| WC | 02.2011 | Zwiesel | Rebensburg | | |
| WC | 03.2011 | Spindler Mlyn | Rebensburg | | |
| WC | 10.2011 | Sölden | | Rebensburg | |
| WC | 11.2011 | Aspen | Rebensburg | | |

Riesenslalom

| Event | Datum | Event - Ort | Platz 1 | Platz 2 | Platz 3 |
|-------|-------|-------------|---------|---------|---------|
| WC | 01.2012 | Kraniska Gora | | | Rebensburg |
| WC | 03.2012 | Ofterschwang | Rebensburg | | |
| WC | 03.2012 | Are | | | Rebensburg |
| WC | 03.2012 | Schladming | Rebensburg | | |
| WC | 11.2012 | Aspen | | | Rebensburg |
| WC | 12.2012 | St. Moritz | | Rebensburg | |
| WC | 12.2012 | Are | Rebensburg | | |
| WC | 03.2013 | Ofterschwang | | | Rebensburg |
| WC | 10.2013 | Sölden | | | Rebensburg |
| OLS | 02.2014 | Sotchi | | | Rebensburg |
| WC | 03.2014 | Are | | Rebensburg | |
| WM | 02.2015 | Vail | | Rebensburg | |
| WC | 02.2015 | Maribor | | Rebensburg | |
| WC | 12.2015 | Lienz | | | Rebensburg |
| WC | 01.2016 | Flachau | Rebensburg | | |
| WC | 01.2016 | Maribor | Rebensburg | | |
| WC | 03.2016 | Jasna | | Rebensburg | |
| WC | 03.2016 | St. Moritz | Rebensburg | | |
| WC | 12.2016 | Semmering | | | Rebensburg |
| WC | 10.2017 | Sölden | Rebensburg | | |
| WC | 11.2017 | Killington | Rebensburg | | |
| WC | 12.2017 | Lienz | | Rebensburg | |
| WC | 01.2018 | Kronplatz | Rebensburg | | |
| WC | 01.2018 | Lenzerheide | | Rebensburg | |
| WC | 03.2018 | Ofterschwang | | Rebensburg | |
| WC | 12.2018 | Courchevel | | Rebensburg | |
| WC | 12.2018 | Semmering | | Rebensburg | |
| WC | 02.2019 | Are | | Rebensburg | |
| WC | 03.2019 | Spindlermühle | | Rebensburg | |

WC - Weltcup            OLS - Olympische Spiele            WM - Weltmeisterschaft

117

# Christina Geiger

06. Februar 1990 in Oberstdorf -

Christina Geiger bekam ihre Chance zum Start in den Weltcup am 29. Dezember 2008 für den Slalom von Semmering/Österreich. Davor war sie in diversen FIS- und Europacuprennen unterwegs. Bei weiteren Einsätzen in Weltcup-Rennen erzielt sie in der Saison 2009/10 ihre bis dato besten Platzierungen im Slalom. In Aspen und Lienz gelang es ihr jeweils unter die TOP 10 mit zwei achten Rängen zu fahren. Geigers emotionalster Moment war der im Jahre 2010, als sie in Chamonix die Goldmedaille im Slalom bei der Juniorenweltmeisterschaft gewann. Am Ende des Jahres folgte auch die erste Weltcup-Platzierung auf dem Podest als Dritte im Slalom von Semmering. In der Saison 2011/12 fuhr sie in zwei Weltcups unter die ersten Zehn, wobei sie als vierte von Lienz ihr zweites Podest knapp verfehlte. Gute Ergebnisse unter die Top Zehn führten zu ihrer Nominierung für die Olympischen Spiele 2010 und den Weltmeisterschaften 2011. Große Erfolge blieben jedoch aus. 2011 wurde Christina Geiger Deutsche Slalom-Meisterin. Christina Geiger, die immer wieder durch ihren ästhetischen Fahrstil und feine Technik bestach, war es leider dennoch nicht vergönnt, einen Sieg im Weltcup zu erreichen. Ein zweites Podest dann im Februar 2019 bei einem Parallelslalom in Stockholm. Überraschend um so mehr dann am 15. März 2019 der Rücktritt vom Leistungssport von Christina, dessen Grund die Erwartung ihres ersten Babys ist.

## Slalom

| Event | Datum | Event - Ort | Platz 1 | Platz 2 | Platz 3 |
|-------|-------|-------------|---------|---------|---------|
| WC | 12.2010 | Semmering | | | Geiger |
| WC-PSL | 02.2019 | Stockholm | | Geiger | |

WC     - Weltcup
WC/PSL - Weltcup/Parallelslalom

# Lena Dürr

04. August 1991 in München –

Die Tochter des in den 80er Jahren Aktiven Peter Dürr hatte im Februar 2008 ihren ersten Einsatz in einem Weltcup-Rennen. Der Slalom von Zagreb endete für sie allerdings mit einer Enttäuschung, denn als Vorletzte des ersten Durchgangs durfte Lena Dürr zum zweiten Lauf nicht mehr antreten. Die Saison 2008/09 beendete sie mit Rennen im Europacup. Im März 2009 wurde Dürr als 17-jährige überraschend Deutsche Meisterin im Abfahrtslauf. International war dann die Silbermedaille bei der Junioren-Weltmeisterschaft in Chamonix 2010 das Top-Ergebnis für Lena. Drei Deutsche Meistertitel in der Abfahrt, dem Su-G wie in der Kombination von 2012 sahen in dieser Zeit eine starke souveräne Lena Dürr. Die gute Form unterstrich sie dann auch 2013 im Parallelslalom des City-Events von Moskau, den sie im Finale, mit ihrem erst Sieg im Weltcup abschloss. Weiter auf der Erfolgsspur war sie dann auch bei den Weltmeisterschaften in Schladming durch den Gewinn einer Bronze-Medaille mit der Mannschaft im Team. 2016 gewann sie Titel Nr. 5 und 6 bei den Deutschen Titelkämpfen im Riesenslalom und Slalom. Nur im Weltcup und den Events bei den Weltmeisterschaften 2011, 2013, 2015 fehlen Lena bisher die spektakulären Ergebnisse auf einem Podium. Aber in der Saison 2020/21 zeigte sich Lena Dürr stärker, was ihre Slalom-Ergebnisse von Are mit Platz vier und fünf, ihre besten im Weltcup bisher belegen.

Slalom

| Event | Event | Event - Ort | Platz 1 | Platz 2 | Platz 3 |
|---|---|---|---|---|---|
| WC/PSL | 12.2013 | Moskau | Dürr | | |
| | | | | | |

WC/PSL - Weltcup/Parallelslalom

# Kira Weidle

24. Februar 1996 in Stuttgart-

Mit zwei Jahren stand sie erstmals auf den Skiern. Im Alter von vier Jahren zog Kira Weidle mit der Familie nach Nordrheinwestfalen, um im Jahr darauf nach Starnberg umzusiedeln. Im Oberstdorfer Ski-Gymnasium macht sie ihr Abitur. Schwerpunkte ihres Sports liegen in den schnellen Disziplinen Abfahrt und Su-G. Schon bei den Junioren-Weltmeisterschaften 2017 in Are deutete sie ihr großes Potenzial an und sicherte sich dort die Bronzemedaille in der Abfahrt. Das erste Rennen im Weltcup bestritt Kira Weidle in Altenmarkt-Zauchensee. Die Saison 2018/19 zeitigte spürbare Steigerungen, als sie jeweils mit 3. Plätzen auf dem Podest abschloss. Der absoluter Hammer dann an einem Datum, das man sich merken sollte. Kira Weidle sichert sich eine Silbermedaille nach grandiosem Rennen in der Abfahrt der Weltmeisterschaft von Cortina d Ampezzo am 13. Februar 2021. Wenig später bestätigt Kira das Ergebnis der WM mit einem dritten Rang des Su-G in Val di Fassa. Mit ihren jungen 25 Jahren ist von Kira Weidle für den Deutschen Ski Verband noch einiges zu erwarten.

Abfahrtslauf

| Event | Datum | Event - Ort | Platz 1 | Platz 2 | Platz 3 |
|-------|-------|-------------|---------|---------|---------|
| WC | 01.2018 | Beaver Creek | | | Weidle |
| WM | 02.2021 | Cortina d`Amp. | | Weidle | |
| WC | 02.2021 | Val di Fassa | | | Weidle |
| | | | | | |

Su-G

| Event | Datum | Event - Ort | Platz 1 | Platz 2 | Platz 3 |
|-------|-------|-------------|---------|---------|---------|
| WC | 01.2019 | Garmisch-P. | | | Weidle |
| | | | | | |
| | | | | | |
| | | | | | |

WC – Weltcup
WM – Weltmeisterschaft

# Herren

Abfahrtslauf

Slalom

Riesenslalom

Su-G

Kombination

## 90 Jahre

## Alpiner Skisport in Deutschland

# Karl Neuner

16. Januar 1902 in Garmisch-Partenkirchen – 20. März 1949 ebenda

Die Brüder Karl und Martin Neuner aus Garmisch-Partenkirchen waren von Hause aus Nordische Kombinierer. Karl Neuner unterstrich diese Tatsache mit dem Gewinn des Deutschen Meistertitels im Jahr 1924. Zweimal wurde er Vize-Meister in den Jahren 1926 und 1927. Sein Bruder Martin hatte den Titel 1926 gewinnen könnten, also ein Doppelsieg des Brüderpaares Neuner. Aber Bruder Karl war auch ein ausgezeichneter alpiner Läufer auf den Brettern, und so sorgte er für eine ausgesprochene Sensation, als Karl Neuner im Januar 1929 in St. Anton am Arlberg den Kandahar-Slalom und auch den Titel in der Kombination für sich entschied. Karl Neuner ist 1949, fünf Jahre nach seinem Bruder Martin im Alter von nur 47 Jahren verstorben.

Garmisch-Partenkirchen hat im Jahr 1949 in Erinnerung an die beiden so früh verstorbenen Söhne ihrer Stadt einen Platz nach ihnen benannt.

## Slalom

| Event | Datum | Event - Ort | Platz 1 | Platz 2 | Platz 3 |
|-------|-------|-------------|---------|---------|---------|
| FIS- R/AKH | 01.1929 | St. Anton | Neuner | | |

## Kombination

| Event | Datum | Event – Ort | Platz 1 | Platz 2 | Platz 3 |
|-------|-------|-------------|---------|---------|---------|
| FIS-R/HAK | 01.1929 | St. Anton | Neuner | | |

FIS-R/AKH - FIS-Rennen/Arlberg Kandahar

# Anton „Toni" Bader

( Lebensdaten nicht bekannt)

Von Anton Bader, auch kurz Toni genannt, einen Skirennläufer aus den frühen 30 er-Jahren, konnte ich keine persönlichen Daten und auch keine Lebensumstände ermitteln. Nur soviel konnte ich erfahren, das Bader aus dem Ort Partenkirchen kam und err bei den Österreichischen Skimeisterschaften am 19. Februar 1933 mit Roman Wörndle und Julius Böhler in Kitzbühel an den Start ging. Hier war er im Slalom siegreich. In der alpinen Kombination, bestehend aus Abfahrtslauf und dem Slalom belegte er den dritten Platz.

## Slalom

| Event | Datum | Event - Ort | Platz 1 | Platz 2 | Platz 3 |
|---|---|---|---|---|---|
| FIS-R/ÖSM | 02.1933 | Kitzbühel | Bader | | |
| | | | | | |

## Kombination

| Event | Datum | Event - Ort | Platz 1 | Platz 2 | Platz 3 |
|---|---|---|---|---|---|
| FIS-R/ÖSM | 02.1933 | Kitzbühel | | | Bader |
| | | | | | |

FIS-R/ÖSM  -  FIS-Rennen/Österreichische Ski Meisterschaft

# Franz „Bi Dui" Pfnür

21. November1908 in Berchtestgaden/Au - 21. September 1996 in ebend

Man nannte ihn immer „Bi Dui", wenn Franz Pfnür nach einem Zieldurchlauf beim Slalom in seiner bayrischen Mundart fragte: Bin ich durch?, das heißt (korrekt durch die Tore). Franz Pfnür war der erste deutsche Olympiasieger in einer alpinen Disziplin, die ab den Winterspielen von 1936 in Garmisch- Partenkirchen mit Medaillen bedacht wurde. Allerdings gab es auch nur die Medaillen für die Kombination, bestehend aus dem Abfahrtslauf und einem Slalom. Im Abfahrtslauf zweiter hinter dem Norweger Birger Ruud, entschied Franz Pfnür einen Tag später den Slalom für sich und wurde Olympiasieger. Pfnür wurde darauf hin die zweifelhafte „Ehre" zuteil beim „Führer" Adolf Hitler auf den Obersalzberg zum Kaffee eingeladen zu werden. Sicher hat man Franz Pfnür dort überredet und überzeugt in die SS einzutreten, der Überredung der er später auch folgte.

Noch im selben Jahr seines Olympiasieges wurde Pfnür Deutscher Meister in der alpinen Kombination. Bereits zwei Jahre vorher 1934 bei der WM in St. Moritz hatte er im Slalom Gold und jeweils Silber im Abfahrtslauf und in der Kombination gewonnen. Weitere gute Auftritte hatte Franz Pfnür auch bei den Österreichischen Skimeisterschaften in Innsbruck 1937, als er zusammen mit Rudi Cranz, Roman Wörndle und „Guzzi" Gustav Lantschner in Abfahrt, Slalom und Kombination auf dem Podest stand. Bis ins hohe Alter sah man Franz Pfnür a uf den Skiern stehen. „ Seine Ersten hatte er sich als Jugendlicher selbst aus Weißbuche geschnitzt und geformt ", wie er oft auf Fragen lange nach seiner Karriere lachend bejahte.

# Franz „Bi Dui" Pfnür

## Abfahrtslauf

| Event | Datum | Event - Ort | Platz 1 | Platz 2 | Platz 3 |
|---|---|---|---|---|---|
| FIS-R/WM | 02.1934 | St. Motitz | | Pfnür | |
| OLS | 02.1936 | Garmisch-P. | | Pfnür | |
| FIS-R/ÖSM | 02.1937 | Innsbruck | | | Pfnür |

## Slalom

| Event | Datum | Event - Ort | Platz 1 | Platz 2 | Platz 3 |
|---|---|---|---|---|---|
| FIS-R/WM | 02.1934 | St. Moritz | Pfnür | | |
| OLS | 02.1936 | Garmisch-P. | Pfnür | | |
| FIS-R/ÖSM | 02.1937 | Innsbruck | | Pfnür | |

## Kombination

| Event | Datum | Event - Ort | Platz 1 | Platz 2 | Platz 3 |
|---|---|---|---|---|---|
| FIS-R/WM | 02.1934 | St. Moritz | | Pfnür | |
| OLS | 02.1936 | Garmisch- P. | Pfnür | | |
| FIS-R/ÖSM | 02.1937 | Innsbruck | | Pfnür | |

**FIS-R/WM** - FIS-Rennen/Weltmeisterschaft
**FIS-R/ÖSM** - Österreichische Ski Meisterschaft
**FIS-R/SSM** - FIS-Rennen/Schweizerische Ski Meisterschaften
**FIS-R/FSM** - FIS-Rennen/Französische Ski Meisterschaften
**FIS-R/TMP** - FIS-Rennen/Tschammerpokal
**OLS** - Olympische Spiele

# Hellmut „Heli" Lantschner

11. November1909 in Innsbruck/Igls - 04. Juli 1993 in Lans/Tirol

Hellmut Lantschner und seine Schwester Grete gehörten zum Igler Zweig der bekannten Innsbrucker „Lantschner"-Ski-Familie. Der kleine Hellmut stand schon von Kindesbeinen auf den Skiern und entwickelte sich zu einem sehr guten Allrounder, den man quasi in allen Disziplinen einsetzen kann. 1929 stand er zum ersten mal auf einem Podest mit Platz Drei im Slalom von Davos. Der auch im Nordischen Skisport agierende talentierte Hellmut kann auch Skispringen und so gewann Lantschner 1930 bei der Nordischen Skimeisterschaft von Österreich den Sprunglauf und die Kombination.

Durch seine politische Agitation 1934 bei den Februar-Unruhen entzog er sich einer drohenden Verhaftung durch seine Flucht nach Deutschland. Im Winter des selben Jahres wechselt Lantschner zum Deutschen Ski Verband. Von 1938 an wendet er sich verstärkt den alpinen Disziplinen zu. Die Ergebnisse konnten sich sehen lassen. Er gewann die Schweizer Meisterschaften in der Abfahrt, im Slalom und der Kombination in Wengen. Das gleiche wiederholt er in Arosa und in Engelberg. Ein Jahr der Erfolge. Es ging weiter so: Abfahrtssieg in Sestriere, bei der Skiweltmeisterschaft von Engelbert in jeder Disziplin eine Bronzemedaille, und die Krönung der Weltmeisterschafts-Sieg 1939 in der Abfahrt von Zakopane vor „Pepi" Jennewein. Die Party konnte sich fortsetzen als Französischer Meister im Slalom von Luchon, Siege in St. Anton, Megeve, Zell am See und an der Zugspitze 1941 jeweils im Slalom.

Nach dem 2. Weltkrieg kehrte Hellmut Lantschner nach Österreich zurück, um auch dort wieder große Erfolge zu feiern. So siegte er weiter mit 38 Jahren in Kitzbühel Seefeld, St. Anton, Bad Gastein und 1950 im Alter von 41 in Bad Wiessee. Nach einer glänzenden Karriere für zwei Länder und Verbände, betätigte er sich als Trainer, schrieb Bücher über sein Leben, hatte geheiratet und war Vater zweier Töchter.

# Hellmut „Heli" Lantschner

## Abfahrtslauf

| Event | Datum | Event - Ort | Platz 1 | Platz 2 | Platz 3 |
|---|---|---|---|---|---|
| FIS-R | 03.1937 | Feldberg | Lantschner | | |
| FIS-R/SSM | 02.1938 | Wengen | Lantschner | | |
| FIS-R | 02.1938 | Arosa | Lantschner | | |
| FIS-R | 02.1938 | Engelberg | Lantschner | | |
| WM | 03.1938 | Engelberg | | | Lantschner |
| FIS-R | 03.1938 | Sestriere | Lantschner | | |
| WM | 02.1939 | Zakopane | Lantschner | | |

## Slalom

| Event | Datum | Event - Ort | Platz 1 | Platz 2 | Platz 3 |
|---|---|---|---|---|---|
| FIS-R/SSM | 02.1938 | Wengen | Lantschner | | |
| FIS-R | 02.1938 | Arosa | Lantschner | | |
| FIS-R | 02.1938 | Engelberg | Lantschner | | |
| WM | 03.1938 | Engelberg | | | Lantschner |
| FIS-R | 01.1939 | Megeve | Lantschner | | |
| FIS-R/FSM | 02.1939 | Luchon | Lantschner | | |
| FIS-R/TMP | 03.1939 | St. Anton | Lantschner | | |
| FIS-R | 02.1940 | Zell am See | Lantschner | | |
| FIS-R | 01.1941 | Zugspitze | Lantschner | | |

## Kombination

| Event | Datum | Event - Ort | Platz 1 | Platz 2 | Platz 3 |
|---|---|---|---|---|---|
| FIS-R | 03.1937 | Feldberg | Lantschner | | |
| FIS-R/SSM | 02.1938 | Wengen | Lantschner | | 130 |
| FIS-R | 02.1938 | Arosa | Lantschner | | |
| FIS-R | 02.1938 | Engelberg | Lantschner | | |
| WM | 03.1938 | Engelberg | | | Lantschner |
| FIS-R | 01.1939 | Megeve | Lantschner | | |
| FIS-R | 02.1940 | Zell am See | Lantschner | | |

FIS-R/SSM - Schweizer Ski Meisterschaft          FIS-R  - Französche Ski Meisterschaft

FIS-R/TPM - Tschammer Pokal          WM  - Weltmeisterschaft

# Gustav „Guzzi" Lantschner

12. August 1910 in Berchtesgaden - 19. März 2011 in Krailling/Starnberg

Er war ein österreichisch-deutscher Skirennläufer und in den 30er-Jahren einer der Stars im alpinen Skisport. Gustav Lantschner entstammt der dem Skisport anhängenden bekannten Innsbrucker Familien-Dynastie, zusammen aufgewachsen mit den Schwestern Hadwig und Inge, sowie den Brüdern Otto und Gerhard. Bevor Gustav Lantschner im Jahr 1935 aus beruflichen Gründen nach Berlin wechselt, um einem Angebot aus der deutschen Filmbranche nachzugeben, hatte er für sein Land Österreich bereits aufsehenerregende alpine Skierfolge vorweisen können: Abfahrtsweltmeister 1932 und die Bronzemedaille in der Kombination, wie 1933 Weltmeisterschafts-Silbermedaille im Slalom. Spektakuläres Aufsehen neben den alpinen Erfolgen mit seinen auf Skiern erreichten Geschwindigkeitsweltrekorden, machten ihn nebenher zu einem bekannten Star in Heimat - und Bergfilmen. Unter anderem an der Seite von Filmstar Reni Riefenstahl. Im Jahr 1936 wandte er sich noch einmal dem alpinen Sport zu, um bei den Olympischen Winterspielen 1936 in Garmisch-Partenkirchen teilnehmen zu können. Mit der Silbermedaille hinter Franz Pfnür zeigte Lantschner wiederholt seine Klasse. Bei den Österreichischen Meisterschaften 1937 in Innsbruck startet Gustav Lantschner ein letztes Mal für das Deutsche Reich, um den Leistungssport danach zu beenden. Von 1936 bis 1938 wirkte Gustav „Guzzi" Lantschner bei Reni Riefenstahls Dreharbeiten für den Olympiafilm von 1936 wie auch beim Parteitagsfilm „Triumph des Willens" als Kameramann mit. Nach dem Krieg führte ihn sein bewegtes Leben nach Südtirol, sieben Jahre nach Argentinien und anfangs der 60er Jahre wieder zurück nach Europa. Er heiratete, wurde Vater eines Sohnes. Mit dem Skifahren hörte er erst im Alter von 88 Jahren auf.

# Gustav „Guzzi" Lantschner

## Abfahrtslauf

| Event | Datum | Event - Ort | Platz 1 | Platz 2 | Platz 3 |
|---|---|---|---|---|---|
| FIS-R/OLS | 02.1936 | Garmisch-P. | | | Lantschner |

## Slalom

| Event | Datum | Event - Ort | Platz 1 | Platz 2 | Platz 3 |
|---|---|---|---|---|---|
| FIS-R/OLS | 02.1936 | Garmisch-P. | | Lantschner | |
| FIS-R/ÖSM | 02.1937 | Innsbruck | | | Lantschner |

## Kombination

| Event | Datum | Event - Ort | Platz 1 | Platz 2 | Platz 3 |
|---|---|---|---|---|---|
| OLS | 02.1936 | Garmisch-P. | | Lantschner | |
| FIS-R/ÖSM | 02.1937 | Innsbruck | | | Lantschner |

FIS-R/ÖSM - FIS-Rennen/Österreichische Ski Meisterschaft
FIS-R/OLS - FIS-Rennen/Olympische Spiele
OLS - Olympische Spiele

# Friedl Däuber

05. Januar1911 in Berchtesgaden – 01. Mai 1997 in ebenda

Friedl Däuber war neben seiner Profession eines Alpinen Rennläufers auch ein sehr guter Skilangläufer im Spektrum des Nordischen Sports. Das zeigten auch seine Ergebnisse bei den internationalen Vergleichen in dieser Sportart. Ein sechster Rang der Nordischen Skiweltmeisterschaften von 1933 in Innsbruck über 18 km sind vorzeigenswert. Ähnlich wie bei Karl Neuner, sein Vorgänger und Mannschaftskollegen, galt Friedl Däuber auch als Ausnahme-Talent im alpinen Umfeld. Hier waren Däubers Erfolge noch spektakulärer, speziell im Slalom wie die bei Karl Neuner. Bei den Skiweltmeisterschaften 1931 im schweizerischen Mürren, die in der frühen Phase des Alpinsports lapidar als FIS-Meisterschaften adressiert wurden, gewann Friedl Däuber im Slalom die Bronzemedaille. Im Jahr darauf in Cortina d`Ampezzo ließ er Gold folgen. Auch im Abfahrtslauf fand sich Däuber zu recht, wie sein zweiter Rang bei den Österreichischen Skimeisterschaften 1932 in Zell am See bewies.

Abfahrtslauf

| Event | Datum | Event - Ort | Platz 1 | Platz 2 | Platz 3 |
|---|---|---|---|---|---|
| FIS-R/ÖSM | 02.1932 | Zell am See | | Däuber | |

Slalom

| Event | Datum | Event - Ort | Platz 1 | Platz 2 | Platz 3 |
|---|---|---|---|---|---|
| FIS-R/WM | 02.1931 | Mürren | | | Däuber |
| FIS-R/WM | 02.1932 | Cortina d`Amp. | Däuber | | |
| FIS-R/ÖSM | 02.1932 | Zell am See | | | Däuber |

Kombination

| Event | Datum | Event - Ort | Platz 1 | Platz 2 | Platz 3 |
|---|---|---|---|---|---|
| FIS-R/ÖSM | 02.1932 | Zell am See | | Däuber | |

FIS-R/ÖSM   - FIS-Rennen/Österreichische Ski Meisterschaft
FIS-R/WM   - FIS-Rennen/Weltmeisterschaft ( inoffizielle WM )

# Wilhelm „Willi" Walch

04. Januar 1912 in Stuben/Vorarlberg – 22. Juni 1941 in Russland

Wilhelm Walch war ein österreichisch-deutscher Skirennläufer, der mit 16 Jahren schon seine ersten Rennen bestritt. Bevor Österreich im Jahre 1938 an das Deutsche Reich angegliedert wurde, hatte Willi Walch bereits einige Erfolge für seine österreichische Heimat eingefahren. Ab dem Kalenderjahr 1939 startete er nun für den Deutschen Ski Verband und wurde Deutscher Meister im Abfahrtslauf und der Kombination in Kitzbühel. Des weiteren siegt er in den Abfahrten von Garmisch-Partenkirchen und Luchon sowie in der Kombination von Wengen in der Schweiz. Bei der Weltmeisterschaft in Zakopane 1939 krönt Willi Walch seine Karriere mit Slalom-Bronze und Silber in der Kombination. 1940 erreicht er seinen letzten Sieg bei einem Slalom am Feldberg im Schwarzwald. Erfolgreich endet auch die Wintersportwoche von Garmisch-Partenkirchen für Walch, denn jeweils Rang Drei in der Abfahrt und im Slalom ergaben Rang Zwei in der Kombination. Zum Ende der Saison 1941, nach Ausheilung eines Beinbruchs, bestritt Willi Walch sein letztes Rennen in einem Abfahrtslauf als Dritter im Rahmen des Tschammerpokals von St. Anton.

Im Frühjahr 1941 wurde er zur Wehrmacht eingezogen und nach der kurzen militärischen Ausbildung am 22. Juni an die Ostfront verbracht. Am ersten Tag des Überfalls auf Russland fiel Wilhelm Walch, Fünfter der österreichisch-deutschen Spitzenfahrer, dem dieses Schicksal in diesem furchtbaren Krieg widerfuhr.

# Wilhelm „Willi" Walch

## Abfahrtslauf

| Event | Datum | Event - Ort | Platz 1 | Platz 2 | Platz 3 |
|-------|-------|-------------|---------|---------|---------|
| FIS-R/WSW | 01.1939 | Garmisch-P. | Walch | | |
| FIS-R/LBH | 01.1939 | Wengen | | Walch | |
| FIS-R/FSM | 02.1939 | Luchon | Walch | | |
| FIS-R/WSW | 01.1940 | Garmisch-P. | | | Walch |
| FIS-R/TMP | 02.1941 | St. Anton | | | Walch |

## Slalom

| Event | Datum | Event - Ort | Platz 1 | Platz 2 | Platz 3 |
|-------|-------|-------------|---------|---------|---------|
| FIS-R/SSM | 01.1939 | Grindelwald | | Walch | |
| WM | 02.1939 | Zakopane | | | Walch |
| FIS-R/WSW | 01.1940 | Garmisch-P. | | | Walch |
| FIS-R | 03.1940 | Feldberg | Walch | | |

## Kombination

| Event | Datum | Event - Ort | Platz 1 | Platz 2 | Platz 3 |
|-------|-------|-------------|---------|---------|---------|
| FIS-R/LBH | 01.1939 | Wengen | Walch | | |
| WM | 02.1939 | Zakopane | | Walch | |
| FIS-R/WSW | 01.1940 | Garmisch-P. | | Walch | |

FIS-R/WSW - FIS-Rennen/Wintersportwoche
FIS R/FSM - FIS-Rennen /Französische Ski Meisterschaften
FIS-R/LBH - FIS-Rennen/Lauberhorn
FIS-R/TMP - FIS-Rennen/Tschammerpokal
WM - Weltmeisterschaft

# Roman Wörndle

04. Oktober1913 in Garmisch-Partenkirchen – 02. Februar 1942 Lemniza

Roman Wörndle gehörte dem Nationalkader des Deutschen Ski Verbandes an, und zählte mit zu den besten alpinen Skirennläufern der 1930er Jahre. Bei den Olympischen Winterspielen von 1936 in seinem Geburts- und Heimatort gelangen ihm mit den Rängen Fünf, Sechs und Fünf in Abfahrt, Slalom und in der Kombination sehr gute Ergebnisse. Sein für ihn persönlich wertvollstes Ergebnis gipfelte in der Bronzemedaille, die er bei der Weltmeisterschaft am 15. Februar 1937 in Chamonix im Slalom gewinnen konnte. Ganz weit vorn mit einem Sieg war Roman Wörndle beim Abfahrtslauf der Österreichischen Ski -Meisterschaften in Innsbruck zwei Wochen zuvor. Wiederholt als Sieger präsentierte sich Wörndle bei den Feldberg Skirennen1938 im Schwarzwald mit einem Kombinationserfolg. Den 2. Weltkrieg überlebte auch Roman Wörndle nicht. Als Unteroffizier in einem Ski-Jagdkommando der Wehrmacht kam Wörndle beim Einsatz an der Ostfront Anfang 1942 ums Leben.

## Abfahrtslauf

| Event | Datum | Event - O rt | Platz 1 | Platz 2 | Platz 3 |
|---|---|---|---|---|---|
| FIS-R/ÖSM | 02.1937 | Innsbruck | Wörndle | | |

## Slalom

| Event | Datum | Event-Ort | Platz 1 | Platz 2 | Platz 3 |
|---|---|---|---|---|---|
| WM | 02.1937 | Chamonix | | | Wörndle |

## Kombination

| Event | Datum | Event-Ort | Platz 1 | Platz 2 | Platz 3 |
|---|---|---|---|---|---|
| FIS-R | 03.1938 | Feldberg | Wörndle | | |

FIS-R/ÖSM   -  FIS-Rennen/Österreichische Ski Meisterschaft
WM          -  Weltmeisterschaft

# Heinz-Rudolf „Rudi" Cranz

02. September 1918 in Uccle/Belgien – 22. Juni 1941 in Rozaniec/Polen

Rudi Cranz jüngerer Bruder von Ski-Legende Christl Cranz gehörte in den 30er Jahren zur Elite der deutschen Alpinen. Zwischen 1937 und 1941 wurde Cranz viermal Deutscher Meister. Im Slalom 1939 und 1941 wie 1937 und 1941 in der Kombination. Die Österreichischen Meisterschaften 1937 in Innsbruck gerieten zum Triumph von Rudi Cranz. So gewann er im Slalom, Kombination und wurde zweiter des Abfahrtslaufes. Dazu gesellten sich seine Slalomsiege des Kandahar-Rennens in Mürren 1937 und auch am Lauberhorn in Wengen 1938. Als Zweiter der Abfahrt belegte er hier Platz Zwei der Kombinationswertung.

Wegen des Zweiten Weltkriegs wurden die so hoffnungsvollen sportlichen Ziele und Perspektiven von Rudolf Cranz abrupt beendet. Er diente in der Wehrmacht bei den Gebirgsjägern. Am 22. Juni 1941, dem Tag des Überfalls auf Russland durch Hitler ist Rudi Cranz in Polen gefallen. Der Tod des Bruders veranlasste Christl Cranz ihre Karriere 1941 sofort zu beenden.

Abfahrtslauf

| Event | Datum | Event - Ort | Platz 1 | Platz 2 | Platz 3 |
|-------|-------|-------------|---------|---------|---------|
| FIS-R/ÖSM | 02.1937 | Innsbruck | | Cranz | |
| FIS-R/LBH | 01.1938 | Wengen | | Cranz | |

Slalom

| Event | Datum | Event - Ort | Platz 1 | Platz 2 | Platz 3 |
|-------|-------|-------------|---------|---------|---------|
| FIS-R/AKH | 01.1937 | Mürren | Cranz | | |
| FIS-R/ÖSM | 02.1937 | Innsbruck | Cranz | | |
| FIS-R/LBH | 01.1938 | Wengen | Cranz | | |

Kombination

| Event | Datum | Event - Ort | Platz 1 | Platz 2 | Platz 3 |
|-------|-------|-------------|---------|---------|---------|
| FIS-R/ÖSM | 02.1937 | Innsbruck | Cranz | | |
| FIS-R/LBH | 01.1938 | Wengen | | Cranz | |

FIS-R/AKH  -  FIS-Rennen/Arlberg Kandahar
FIS-R/ÖSM  -  FIS-Rennen/Österreichische Ski Meisterschaft
FIS-R/LBH  -  FIS-Rennen/Lauberhorn

# Josef „Pewo" Pertsch

29. Februar1920 in Bad Reichenhall – 18. April 1941 bei Katerini/ Griech.land

Die Reichenhaller, vor allem die Jugend nannte ihn verehrend „Pewo". Josef Pertsch, ein Sohn und Idol der Stadt ist im 2. Weltkrieg 1941 in Griechenland gefallen, als ihn ein Granat- oder Bombensplitter tödlich verletzte. Anlässlich eines meinerseits geführten Telefongesprächs mit der früheren Skirennläuferin Christa Hintermaier erfuhr ich folgendes: Bis zum Ende der 60er Jahre fand jährlich um den 19. März herum, seit dem Jahr 1946 ein „Pewo Pertsch-Gedächtnis-Lauf" statt, beginnend hoch oben am Predigtstuhl. Und das der Pewo Pertsch ein ganz „Wilder Hund" gewesen sein muss. Im Alter von eben erst 16 Jahren wurde Pertsch für die Olympia-Mannschaft der Spiele von 1936 in Garmisch-Partenkirchen berufen. Mit jungen Achtzehn Lenzen stellte sich schnell sein erster internationaler Rennerfolg ein. Im piemontesischen Sestriere konnte er 1938 den traditionellen Königspokal gewinnen, als er im Abfahrtslauf den zur Weltklasse gehörenden Favoriten Zeno Colo auf dessen Heimatkurs schlagen konnte. Sehr große Hoffnungen setzte der Deutsche Ski Verband auf Josef Pertsch`s künftige Perspektiven, als er sich im 1939 beim Slalomsieg seines Teamkollegen „Pepi" Jennewein am Lauberhorn in Wengen den 3. Platz sichern konnte.

Der Krieg und sein früher Tod in Griechenland zerstörten mehr, wie die Träume des Verbandes und seiner Änhänger von künftigen alpinen Ski-Erfolgen. Josef Pertsch war bereits das vierte Opfer des Zweiten Weltkrieges aus der ersten Reihe der Deutschen Ski-Nationalmannschaft.

Abfahrtslauf

| Event | Datum | Event - O rt | Platz 1 | Platz 2 | Platz 3 |
|-------|-------|--------------|---------|---------|---------|
| FIS-R/KÖP | 03.1938 | Sestriere | Pertsch | | |

Slalom

| Event | Datum | Event-Ort | Platz 1 | Platz 2 | Platz 3 |
|-------|-------|-----------|---------|---------|---------|
| FIS-R/LBH | 01.1939 | Wengen | | | Pertsch |

FIS-R/KÖP  -  FIS-Rennen/Königspokal
FIS-R/LBH  -  FIS-Rennen/Lauberhorn

# Josef „Pepi" Jennewein

21. November 1919 in St. Anton a. Arlberg – 27. Juli 1943 bei Orjol/Russland

Josef Jennewein war ein Österreichischer und Deutscher Skirennfahrer, der Tatsache geschuldet, des Anschlusses von Österreichs an das Deutsche Reich im Jahr 1938. Schon während der Schulzeit und frühen Jugend in St. Anton als ein Perspektiv-Talent erkannt, wurde Jennewein von den erfolgreichen Rennläufern Hans Schneider und Rudolf Matt trainiert. Ab dem Herbst 1938 wurde Jennewein Ausbilder und Skilehrer in Sonthofen.

Seinen ersten großen Rennerfolg für Deutschland erreichte „Pepi" Jennewein bei den Lauberhorn-Skirennen 1939 in Wengen. Dort gewann er den Slalom, wurde Dritter des Abfahrtslaufes und Zweiter in der Kombination. Höhepunkt seines Weges auf der Karriereleiter sollte die Alpine Weltmeisterschaft 1939 in Zakopane in Polen werden. Hier schloss er in den Disziplinen Abfahrt und Slalom jeweils als Zweiter ab und wurde Kombinations-Weltmeister. Im Januar 1940 gelangen Jennewein drei Siege in Abfahrt, Slalom wie auch in der Kombination bei der Wintersportwoche in Garmisch-Partenkirchen. Dieses Kunststück schaffte er auch bei den Deutschen Meisterschaften, die in St. Anton ausgetragen wurden. 1941 bei den Weltmeisterschaften in Cortina d`Ampezzo gewann er den Abfahrtslauf, kam im Slalom auf den sechsten Rang und verteidigte damit seinen Kombinations-Weltmeistertitel von Zakopane. Seinen letzten Sieg sollte er in seinem Geburtsort von St. Anton feiern dürfen, wo Josef Jennewein noch einmal Abfahrtslauf und Kombination anlässlich des Tschammer- Pokals für sich entschied.

Das die Weltmeisterschaft von Cortina d`Ampezzo, die 1941 während des so lange dauerndes Krieges stattfand, nach Kriegsende 1946 vom FIS-Verband für ungültig erklärt wurde, diesen Entscheid erfuhr Josef Jennewein nicht mehr.

Als Jagdflieger bei der Wehrmacht, auch hier mit 86 Abschüssen „erfolgreich" musste er am 27. Juli 1943 in Russland hinter deren Frontlinien notlanden. Josef Jennewein galt ab diesem Zeitpunkt als verschollen. Postum wurde er von der Wehrmacht zum Leutnant befördert, und bekam das Ritterkreuz verliehen.

# Josef „Pepi" Jennewein

## Abfahrtslauf

| Event | Datum | Event - Ort | Platz 1 | Platz 2 | Platz 3 |
|-------|-------|-------------|---------|---------|---------|
| FIS-R/LBH | 01.1939 | Wengen | | | Jennewein |
| WM | 02.1939 | Zakopane | | Jennewein | |
| FIS-R/WSW | 01.1940 | Garmisch-P. | Jennewein | | |
| FIS-R/TMP | 02.1941 | St. Anton | Jennewein | | |

## Slalom

| Event | Datum | Event - Ort | Platz 1 | Platz 2 | Platz 3 |
|-------|-------|-------------|---------|---------|---------|
| FIS-R/LBH | 01.1939 | Wengen | Jennewein | | |
| WM | 02.1939 | Zakopane | | Jennewein | |
| FIS-R/WSW | 01.1940 | Garmisch-P. | Jennewein | | |

## Kombination

| Event | Datum | Event - Ort | Platz 1 | Platz 2 | Platz 3 |
|-------|-------|-------------|---------|---------|---------|
| FIS-R/LBH | 01.1939 | Wengen | | Jennewein | |
| WM | 02.1939 | Zakopane | Jennewein | | |
| FIS-R/WSW | 01.1940 | Garmisch-P. | Jennewein | | |
| FIS-R/TMP | 02.1941 | St. Anton | Jennewein | | |

**FIS-R/LBH** - FIS-Rennen/Lauberhorn
**FIS-R/WSW** - FIS-Rennen/Wintersportwoche
**FIS-R/TMP** - Tschammerpokal
**WM** - Weltmeisterschaft

# Albert Pfeifer

15. Dezember 1919 in St. Anton a. Arlberg – 11. August 1943 in Niederlanden

Albert Pfeifer war auch ein Österreichischer und Deutscher Skirennfahrer, der Tatsache geschuldet, des Anschlusses von Österreich an das Deutsche Reich im Jahre 1938. Bis zum Anschluss Österreichs an das Deutsche Reich gehörte Albert Pfeifer zu den großen Nachwuchshoffnungen im Österreichischen Ski Verband. Die Konsequenz des Anschlusses für Albert Pfeifer war, das er in die Ordensburg Sonthofen, einem Leistungsstützpunkt der Wehrmacht überstellt überstellt wurde. Ab 1939 dann für den Deutschen Ski Verband startend, errang Pfeifer die ersten Podestplatzierungen bei der Wintersportwoche von Garmisch-Partenkirchen. Drei dritte Plätze in der Abfahrt, im Slalom und der Kombination waren sein Einstand. Bei der von den Nationalsozialisten initiierten Groß-Deutschen Meisterschaft in Kitzbühel sicherte sich Pfeifer Kombinationsplatz Drei. Im darauf folgenden Jahr der Wintersport-Woche in Garmisch-Partenkirchen wurde Albert Pfeifer Slalom-Zweiter mit einem dritter Platz in der Kombination, wie auch einem dritter Rang in der Kombination von St. Anton bei den Rennen um den Tschammerpokal. Bei der Ski-Weltmeisterschaft 1941 in Cortina d`Ampezzo aber gelang Albert Pfeifer der große Erfolg, wenn auch wegen des Krieges in Europa das Teilnehmerkontingent gering war. Pfeifer wurde Slalom-Weltmeister zusammen mit dem Italiener Vittorio Chierroni. Aber 1946, ein Jahr nach Beendigung des Krieges entschied der Internationale Ski Verband (FIS), die Weltmeisterschaft 1941 wegen zu geringer Teilnehmer und den fortdauernden Krieg nachträglich zu annullieren. Bevor Albert Pfeifer zur Wehrmacht im Deutschen Reich eingezogen wurde, konnte er noch in seinem letzten Rennen den Deutschen Meistertitel in der Abfahrt erringen.

Albert Pfeifer ist ebenfalls eines der vielen Opfer von Spitzensportlern in einem sinnlosen unseligen Krieg geworden. Er kam zu Tode am 11. August 1943 in den Niederlanden, als er dort mit seinem Jagdflugzeug abgeschossen wurde. Einziger Trost für Albert Pfeifer und seinen gleichaltrigen Skisportkonkurrenten und Freund Josef „Pepi" Jennewein, gleichfalls in St. Anton geboren, Weltmeister und im Krieg wie er Jagdflieger: Vom Verlust ihrer Weltmeistertitel erfuhren sie nie.

# Albert Pfeifer

## Abfahrtslauf

| Event | Datum | Event - Ort | Platz 1 | Platz 2 | Platz 3 |
|---|---|---|---|---|---|
| FIS-R/WSW | 01.1939 | Garmisch-P. | | | Pfeifer |

## Slalom

| Event | Datum | Event - Ort | Platz 1 | Platz 2 | Platz 3 |
|---|---|---|---|---|---|
| FIS-R/WSW | 01.1939 | Garmisch-P. | | | Pfeifer |
| FIS-R/WSW | 01.1940 | Garmisch-P. | | Pfeifer | |

## Kombination

| Event | Datum | Event - Ort | Platz 1 | Platz 2 | Platz 3 |
|---|---|---|---|---|---|
| FIS-R/WSW | 01.1939 | Garmisch-P. | | | Pfeifer |
| FIS-R/GDM | 03.1939 | Kitzbühel | | | Pfeifer |
| FIS-R/WSW | 01.1940 | Garmisch-P. | | | Pfeifer |
| FIS-R/TMP | 03.1940 | St. Anton | | | Pfeifer |

**FIS-R/WSW** - FIS-Rennen/Wintersport Woche
**FIS-R/GDM** - Großdeutsche Meisterschaft
**FIS-R/TMP** - FIS-Rennen/Tschammerpokal

# Josef „Sepp" Folger

16. Februar 1922 in Bruckmühl/Mangfall – 13. März 2013 in ebenda

Kurze Zeit nach dem 2. Weltkrieg gehörte Josef Folger zu den ersten seiner Zunft in Deutschland, die nach dem Zusammenbruch des Nazi Reiches den alpinen Skisport wieder auferstehen ließen. „Sepp" Folgers bevorzugte Disziplin und Stärke zeigte er vorallem im Slalom, wie auch die Ergebnisse belegen. Das Jahr 1950 ist sein erfolgreichstes geworden. Dreimal stand er in dem Jahr auf dem Podium von sehr bedeutenden Rennen. Zweimal als Sieger und einmal auf Rang Zwei. Für ihn und die Historie aber bleibt sein Slalomsieg beim Hahnenkamm-Rennen in Kitzbühel am bedeutsamsten. Josef Folgers erster Sieg aber wird bei der Wintersportwoche in Garmisch-Partenkirchen erzielt, während sein zweiter Platz bei den „3-Tre-Rennen" von Monte Bondone in der Provinz Trentino eingefahren werden konnte. Das historisch-traditionelle Renn-Event in Italien wird nun, seit dem Jahr 1957 in Madonna di Campiglio als Veranstaltungsort durchgeführt.

Der am 13. März 2013 verstorbene Josef Folger war verheiratet und der Vater zweier Kinder. Letztere Informationen von Josef „Sepp" Folger erfuhr der Autor telefonisch 2016 durch Frau Folger, seiner noch lebenden Gattin.

## Slalom

| Event | Datum | Event - Ort | Platz 1 | Platz 2 | Platz 3 |
|-------|-------|-------------|---------|---------|---------|
| FIS-R/WSW | 01.1950 | Garmisch-P. | Folger | | |
| FIS-R/HAK | 01.1950 | Kitzbühel | Folger | | |
| FIS-R/CTC | 02.1950 | Mte. Bondone | | Folger | |

FIS-R/WSW  -  FIS-Rennen/Wintersportwoche
FIS _R/HAK  -  FIS-Rennen/Hahnenkamm
FIS-R/CTC  -  FIS-Rennen/Copa Tre Comuni

# Benedikt „Beni" Obermüller

**11. April 1930 in Rottach–Egern – 10. Mai 2005 in ebenda**

Wie „Pewo" Pertsch und „Sepp" Folger gehörte auch „Beni" Obermüller von Anfang bis zur Mitte der 50er-Jahre zu Deutschlands besten Slalomfahrern. Im Jahre 1952 wurde Obermüller erstmals Deutscher Meister im Slalom, um diesen Titel in den folgenden Jahren 1953, 1955, 1957 und 1959 wiederholt zu gewinnen. Zudem siegte er 1959 auch im Riesenslalom der Titelkämpfe. Bei der Alpinen Weltmeisterschaft 1954 in Are/Schweden erlebte Benedikt „Beni" Obermüller den Höhepunkt in seiner Karriere. Er gewinnt die Silbermedaille im Slalom hinter Weltmeister Stein Eriksen aus Norwegen. Sie bedeutete die erste Medaille für den deutschen Skisport nach Ende des Krieges 1945. Bereits zwei Jahre zuvor bei der Wintersportwoche 1952 in Garmisch-Partenkirchen hatte Beni Obermüller durch seinen Slalom-Sieg für Aufsehen gesorgt. Und im Jahre 1953 gelang ihm mit Rang Zwei des Slaloms in Wengen am Lauberhorn abermals der Sprung aufs Podest. Seine Teilnahme an den Olympischen Winterspielen 1956 in Cortina d`Ampezzo beendete Beni Obermüller noch einmal mit einem TOP10-Ergebnis als Neunter im Slalom. - Beni Obermüller war nach seiner Renn-Kariere im Ski-Marketing tätig.

## Slalom

| Event | Datum | Event - Ort | Platz 1 | Platz 2 | Platz 3 |
|-------|-------|-------------|---------|---------|---------|
| FIS-R/WSW | 01.1952 | Garmisch-P. | Obermüller | | |
| FIS-R/LBH | 01.1953 | Wengen | | Obermüller | |
| WM | 02.1954 | Are | | Obermüller | |

FIS-R/WSW  -  FIS-Rennen/Wintersportwoche
FIS-R/LBH  -  FIS-Rennen/Lauberhorn
WM         -  Weltmeisterschaft

144

# Sepp Behr

20. Februar 1931 in Sonthofen -

Sepp Behr war die Eleganz und ein Meister zwischen den Slalomstangen. Slalom und Riesenslalom waren sein Wohnzimmer. In Deutschland war er in den Jahren von 1954 bis 1962 nahezu konkurrenzlos geworden, seit dem Beni Obermüller die alpine Bühne verlassen hatte. Je drei Deutsche Meistertitel gewann er im Slalom und in der Kombination. Außerdem ein Mal den Titel im Riesenslalom. Seine Tochter Pamela Behr machte es dem Vater später nach, um gleichfalls sieben Meistertitel im Slalom zu erreichen. Sehr stolz war Papa Behr, als die Tochter bei der Weltmeisterschaft 1978 in Garmisch-Partenkirchen die Silbermedaille im Slalom für Deutschland gewann, einen Erfolg den Sepp Behr für sich nie habe verwirklichen können. Seine einzige internationale Platzierung als Nr.1 in einem Rennen, konnte Sepp Behr bei den Adelbodner Skitagen im Januar 1959 mit seinem Slalomsieg am Chuenisbärgli feiern. Drei Jahre zuvor hatte er in Kitzbühel beim Slalom am Hahnenkamm die erste internationale Marke als Slalom-Dritter gesetzt. Behr nahm an zwei Olympischen Winterspielen teil: 1956 in Cortina d`Ampezzo als Zwölfter in der Abfahrt und Achter des Riesenslaloms. 1960 in Squaw Valley beendete Sepp Behr den Slalom als Zehnter und die Kombination als Zwölfter. Seine beste Platzierung bei der WM 1954 in Are war der sechste Platz in der Kombination.

Slalom

| Event | Event | Event - Ort | Platz 1 | Platz 2 | Platz 3 |
|-------|-------|-------------|---------|---------|---------|
| FIS-R/HAK | 01.1956 | Kitzbühel | | | Behr |
| FIS-R/AST | 01.1959 | Adelboden | Behr | | |

FIS-R/HAK - FIS-Rennen/Hahnenkamm
FIS-R/AST - FIS-Rennen/Adelbodner Ski Tage

145

# Hans-Peter Lanig

07. Dezember1935 in Hindelang/Allgäu –

In den 50er Jahren, über ein Jahrzehnt gehörte Hans-Peter Lanig zu den besten Alpinen im Deutschen Ski Verband (DSV). Auch Schwester Evi zählte zur Damenski-Nationalmannschaft. Seine Erfolge erzielte Lanig in erster Linie im Abfahrtslauf, aber auch bei den Rennen im Riesenslalom fühlte er sich wohl. Lanig wurde 7-facher Deutscher Meister. 1954, 1955 und 1959 in der Abfahrt, 1955 im Slalom, im Riesenslalom im Jahre 1956 und 1960, wie in der Kombination 1959. Von seinen internationalen Ergebnissen ragen die beiden Medaillen der Olympischen Spiele von Squaw Valley 1960 in den USA heraus. Silber in der Abfahrt hinter dem Franzosen Jean Vuarnet und die Bronzemedaille in der Kombinationswertung, die als Weltmeisterschaftsmedaille Anrechnung fand. Bereits vier Jahre zuvor hatte Lanig bei den Olympischen Winterspielen von Cortina d`Ampezzo 1956 von sich Reden gemacht, denn die Ränge Fünf und Sieben im Abfahrtslauf und Riesenslalom waren respektabel. So gelangen ihm noch im selben Jahr jeweils dritte Plätze bei den Abfahrten von Saalfelden und Sestriere. Wiederholt bewies Lanig seine Weltklasse mit den dritten Rängen im  Kandahar-Abfahrtslauf von Garmisch-Partenkirchen 1959 wie 1960 im Riesenslalom bei den Hahnenkamm-Rennen von Kitzbühel.

Nach dem Gewinn der beiden Medaillen in Squaw Valley blieb Lanig länger in den USA, um in einigen namhaften Hotels zu praktizieren. Nach seiner Rückkehr übernahm Lanig von 1962 bis 1966 das Traineramt im Ski-Nationalkader. Nach vier Jahren im Amt arrangierte er sich am Oberjoch im Cafe seiner Eltern und baute es in der Folge zu einem Sporthotel aus.

Für seine Verdienste um den Alpinen Skisport wurde Hans-Peter Lanig 1960 das „Silberne Lorbeerblatt" vom Bundespräsidenten Heinrich Lübke verliehen.

# Hans-Peter Lanig

### Abfahrtslauf

| Event | Datum | Event - Ort | Platz 1 | Platz 2 | Platz 3 |
|---|---|---|---|---|---|
| FIS-R | 02.1956 | Saalfelden | | | Lanig |
| FIS-R/AKH | 03.1956 | Sestriere | | | Lanig |
| FIS-R/AKH | 02.1959 | Garmisch-P. | | | Lanig |
| OLS | 02.1960 | Squaw Valley | | Lanig | |

### Riesenslalom

| Event | Datum | Event - Ort | Platz 1 | Platz 2 | Platz 3 |
|---|---|---|---|---|---|
| FIS-R/HAK | 01.1960 | Kitzbühel | | Lanig | |
| | | | | | |

### Kombination

| Event | Datum | Event - Ort | Platz 1 | Platz 2 | Platz 3 |
|---|---|---|---|---|---|
| WM | 02.1960 | Squaw Valley | | | Lanig |
| | | | | | |

FIS-R/AKH  - FIS-Rennen/Arlberg Kandahar
FIS-R/HAK  - FIS-Rennen/Hahnenkamm
OLS        - Olympische Spiele
WM         - Weltmeisterschaft

147

# Fritz Wagnerberger

14. Juni 1937 in Traunstein – 23. März 2010 in ebenda

Fritz Wagnerberger gewann in den Jahren von 1956 bis 1964 fünf Deutsche Meistertitel, deren drei im Abfahrtslauf und zwei im Riesenslalom. Und auch bei einigen internationalen Entscheidungen lag er ganz vorn. So siegte er im Januar 1959 anlässlich der Adelbodner Skitage im Riesenslalom, um zwei Jahre später an gleicher Stelle am Chuenisbärgli den Slalom zu gewinnen. Im selben Jahr noch gelang Wagnerberger ein Riesencoup in Mürren/Schweiz, als er in der Arlberg-Kandahar Abfahrt zeitgleich mit dem Italiener Bruno Alberti das Ziel passierte. Im Jahr davor schon konnte er in Kitzbühel am Hahnenkamm überzeugen, wo er wiederum zeitgleich, diesmal nur kam der Konkurrent mit Hans-Peter Lanig aus dem eigenen Team, den zweiten Rang im Riesenslalom belegte. Zum Saisonende, im März 1960 beim Harriman Cup in Sun Valley/USA, kehrte Fritz Wagnerberger nach Deutschland mit einem weiteren zweiten Podiumsplatz zurück. Während der Karriere Wagnerbergers startete dieser bei zwei Olympischen Spielen, in Squaw Valley 1960 und in Innsbruck 1964, wie auch bei zwei Weltmeisterschaften, in Bad Gastein 1958 und Chamonix 1962.

Nach seiner Karriere im Leistungssport engagierte sich Wagnerberger tatkräftig im Deutschen Skiverband, und agierte mit Unterbrechung 19 Jahre lang, von 1970-1978 und 1994-2005 als Präsident im Deutschen Skiverband. Ein Novum in der Geschichte des Ski Verbandes. Wegen seiner Verdienste um den Skisport verlieh man Fritz Wagnerberger den Bayrischen Verdienstorden und das Bundesverdienst -Kreuz 1. Klasse.

# Fritz Wagnerberger

### Abfahrtslauf

| Event | Datum | Event - Ort | Platz 1 | Platz 2 | Platz 3 |
|---|---|---|---|---|---|
| FIS-R/AKH | 01.1961 | Mürren | Wagnerberger | | |
| | | | | | |

### Slalom

| Event | Datum | Event - Ort | Platz 1 | Platz 2 | Platz 3 |
|---|---|---|---|---|---|
| FIS-R/AST | 01.1961 | Adelboden | Wagnerberger | | |
| | | | | | |

### Riesenslalom

| Event | Datum | Event - Ort | Platz 1 | Platz 2 | Platz 3 |
|---|---|---|---|---|---|
| FIS-R/AST | 01.1959 | Adelboden | Wagnerberger | | |
| FIS-R/HAK | 01.1960 | Kitzbühel | | Wagnerberger | |

### Kombination

| Event | Datum | Event - Ort | Platz 1 | Platz 2 | Platz 3 |
|---|---|---|---|---|---|
| FIS-R/HMC | 03.1960 | Sun Valley | | Wagnerberger | |

FIS-R/AKH  - FIS-Rennen/Arlberg Kandahar
FIS-R/AST  - FIS-Rennen/Adelbodner Skitage
FIS-R/HAK  - FIS-Rennen/Hahnenkamm
FIS-R/HMC - Harriman Cup

# Ernst Scherzer

05. Oktober 1937 in Schöneck/Vogtland -

Neben Eberhard Riedel gehörte Ernst Scherzer zu den stärksten Alpinen in der ehemaligen DDR (Deutsche Demokratische Republik). 1958 gewann Ernst Scherzer im Rieseslalom den ersten seiner Elf Titel als DDR-Meister. Durch gute Leistungen in der Saison 1959/60 bei den Rennen von Adelboden, Wengen und Kitzbühel konnte Ernst Scherzer sich für eine Gesamtdeutsche Olympiamannschaft 1960 in Squaw Valley qualifizieren. Aber Scherzer wurde in keiner Disziplin der Spiele eingesetzt. Seine späteren internationalen Starts standenfür ihn im Focus, sich für Olympia 1964 in Innsbruck zu empfehlen. Ein Schritt dabei war der dritte Rang im Slalom bei den Steinbock-Rennen im Kleinwalsertal. Ernst Scherzer schaffte den Sprung nach Innsbruck und sein 13. Rang im Slalom bedeutete die Olympia-Premiere. Beachtenswert zu nennen sind die Riesenslalom-Ergebnisse mit jeweils Platz Zwei 1965 und 1967 in Lanersbach und Zell am See. Im Jahre 1969 endete seine und auch Eberhard Riedels alpine Laufbahn, als die DDR-Staatsführung für den Alpinen Sport die Fördermittel ab 1969 nicht mehr genehmigte. Ab sofort waren Starts für die DDR-Aktiven im Westen nicht mehr erlaubt

Ernst Scherzer wurde nach dem Leistungssport Trainer und Wachs-Experte für die Skispringer-Nationalmannschaft in der DDR. In Oberwiesenthal im Erzgebirge ist er heute zuhause.

## Slalom

| Event | Datum | Event - Ort | Platz 1 | Platz 2 | Platz 3 |
|---|---|---|---|---|---|
| FIS-R/STB | 02.1963 | Kleinwalsertal | | | Scherzer |

## Riesenslalom

| Event | Datum | Event - Ort | Platz 1 | Platz 2 | Platz 3 |
|---|---|---|---|---|---|
| FIS-R | 02.1965 | Lanersbach | | Scherzer | |
| FIS-R | 03.1967 | Zell am See | | Scherzer | |

FIS-R/STB - FIS-Rennen/Steinbock

# Eberhard „Ebs" Riedel

14. Februar 1938 in Lauter/Sachsen –

Eberhard oder „Ebs" wie seine Frau und die Anhänger in der ehemaligen DDR ihn nannten, war der erste Rennläufer aus der Deutschen Demokratischen Republik, der im alpinen Umfeld des „Westens" durch größere Erfolge auffiel.

1957 wurde Eberhard Riedel in die Ski-Nationalmannschaft der Alpinen in der DDR berufen. Eberhard Riedel nahm an drei Olympische Winterspielen teil: 1960 in Squaw Valley, 1964 in Innsbruck und 1968 in Grenoble. Bei Weltmeisterschaften startete er zweimal: 1958 in Bad Gastein wie auch 1966 in Portillio/Chile. In der Zeitspanne von 1957 bis 1968 gewann er zehn Titel bei den DDR-Meisterschaften: Vier mal im Riesenslalom und je zwei mal in Abfahrt, Slalom und Kombination. Die internationalen Ski-Rennen gewann Riedel überwiegend im Rieseslalom und in der Kombination. Die Zentren seiner Erfolge sind 1959 Zakopane, 1961 Adelboden, 1965 Mayerhofen, Maribor, wie 1967 Kranjska Gora und Saalbach-Hinterglemm. Aus Anlass senes Sieges bei den 7. Internationalen Ski- Tagen von Adelboden 1961 wurde Riedel im Jahre 2004 in den „Place of Fame" von Adelboden aufgenommen. Nach den Olympischen Winterspielen von Grenoble 1968 wurde der Alpine Ski Sport in der DDR nicht mehr gefördert, da der als professionell angesehene Sport des „Westens" nicht ins sozialistische Bild der DDR passe. Ab diesem Zeitpunkt gab es für Riedel keine internationalen Starts mehr. Heute lebt er in Oberwiesenthal und hat mit seiner Frau Hannelore, früher gleichfalls alpine Rennläuferin, zwei gemeinsame Söhne.

# Eberhard „Ebs" Riedel

### Abfahrtslauf

| Event | Datum | Event - Ort | Platz 1 | Platz 2 | Platz 3 |
|---|---|---|---|---|---|
| FIS-R/CMM | 02.1959 | Zakopane | | Riedel | |
| FIS-R/3PR | 03.1967 | Saalbach | | Riedel | |

### Slalom

| Event | Datum | Event-Ort | Platz 1 | Platz 2 | Platz 3 |
|---|---|---|---|---|---|
| FIS-R/CMM | 02.1959 | Zakopane | | | Riedel |
| FIS-R/3PR | 03.1967 | Saalbach | | | Riedel |

### Riesenslalom

| Event | Datum | Event - Ort | Platz 1 | Platz 2 | Platz 3 |
|---|---|---|---|---|---|
| FIS-R/CMM | 02.1959 | Zakopane | Riedel | | |
| FIS-R/AST | 01.1961 | Adelboden | Riedel | | |
| FIS-R/ZTG | 02.1965 | Mayerhofen | Riedel | | |
| FIS-R | 02.1965 | Maribor | Riedel | | |
| FIS-R/3PR | 03.1967 | Saalbach | Riedel | | |
| FIS-R/VCP | 03.1967 | Kranjska Gora | Riedel | | |

### Kombination

| Event | Datum | Event - Ort | Platz 1 | Platz 2 | Platz 3 |
|---|---|---|---|---|---|
| FIS-R/CMM | 02.1959 | Zakopane | Riedel | | |
| FIS-R/3PR | 03.1967 | Saalbach | Riedel | | |
| FIS-R/VCP | 03.1967 | Kranjska Gora | Riedel | | |

FIS-R/CMM  -  FIS-Rennen/Czech-Marusarz-Memorial
FIS-R/3PR  -  FIS-Rennen/3- Pisten Rennen
FIS-R/AST  -  FIS-Rennen/Adelbodner Ski Tage
FIS-R/VCP  -  FIS-Rennen/Vitranc-Pokal
FIS-R/ZTG  -  FIS-Rennen/Zillertaler Granaten-Rennen

# Ludwig „Luggi" Leitner

24. Februar 1940 in Mittelberg/Kleinwalsertal - 21. März 2013 in ebenda

Ludwig Leitner, beim Vornamen fast immer nur Luggi gerufen, war einer der in der Öffentlichkeit bekanntesten Skiläufer in den 60er-Jahren; nicht nur in Deutschland, auch international. Sein Ansehen natürlich gewachsen mit den Erfolgen in der Karriere. Schon im Alter von zwei Jahren stand der Sohn einer Bergbauernfamilie auf seinen Skiern. Mit seinen erst siebzehn Jahren, nahm Leitner schon an den Skiweltmeisterschaften 1958 in Bad Gastein teil; da noch für Österreich. Kurz vor den Olympischen Spielen von Squaw Valley 1960 hatte Ludwig Leitner die deutsche Staatsbürgerschaft angenommen, und ab diesem Zeitpunkt als 19-jähriger bis zu seinem Karriere-Ende ging er für den Deutschen Ski Verband an den Start. Es war ein Glücksfall für den DSV, denn die Erfolgsliste von Luggi Leitner wurde überwältigend. Fünfzehntmal konnte er Deutscher Meister werden: 4x in Abfahrt, 4x im Slalom, 3x im Riesenslalom und 4x in der Kombination. Zweifacher Sieger der Hahnenkamm-Rennen von Kitzbühel im Slalom 1963 und der Abfahrt 1965. Zweifacher Gewinner der Kandahar-Abfahrten in Garmisch-Partenkirchen 1964 und auch 1965. Sieger in Wengen am Lauberhorn im Slalom 1964 und Slalomsieger bei den 3-Tre Rennen von Madonna di Campiglio, neben vielen anderen bedeutenden Ski Rennen, die Ludwig Leitner als Sieger beendete. Seine Erfolgsliste schreibt sich fort durch Weltmeisterschafts-Medaillen von Chamonix 1962 und Portillio 1966 mit jeweils Bronze und letztendlich mit der Goldmedaille in Innsbruck 1964 in der Kombination; zu jener Zeit noch nicht Bestand einer olympischen Disziplin.

Für die Verdienste und Erfolge um den Alpinen Skisport für Deutschland wird 1964 Ludwig Leitner durch den Bundespräsidenten Heinrich Lübke mit der Überreichung des Silbernen Lorbeerblattes geehrt. Im Kleinwalsertal von Mittelberg führte er mit seine Frau Renate eine Hotelpension. Ludwig Leitner ist am 21. März 2013 verstorben.

# Ludwig „Luggi" Leitner

## Abfahrtslauf

| Event | Datum | Event - Ort | Platz 1 | Platz 2 | Platz 3 |
|-------|-------|-------------|---------|---------|---------|
| FIS-R/AKH | 01.1963 | Chamonix | Leitner | | |
| FIS-R/AKH | 01.1964 | Garmisch-P. | Leitner | | |
| FIS-R/LBH | 01.1964 | Wengen | Leitner | | |
| FIS-R/AKH | 01.1965 | Garmisch-P. | Leitner | | |
| FIS-R/HAK | 01.1965 | Kitzbühel | Leitner | | |
| FIS-R/CEA | 01.1965 | Megeve | Leitner | | |
| FIS-R/CTC | 02.1965 | Gröden | Leitner | | |
| FIS-R/HOK | 03.1965 | Voss | | | |

## Slalom

| Event | Datum | Event - Ort | Platz 1 | Platz 2 | Platz 3 |
|-------|-------|-------------|---------|---------|---------|
| FIS-R/AST | 01.1960 | Adelboden | Leitner | | |
| FIS-R/AKH | 03.1960 | Sestriere | | Leitner | |
| FIS-R/AKH | 04.1960 | Chamonix | | Leitner | |
| FIS-R/KES | 12.1960 | Val d`Isere | Leitner | | |
| FIS-R/HAK | 01.1961 | Kitzbühel | | | Leitner |
| FIS-R/HAK | 01.1963 | Kitzbühel | Leitner | | |
| FIS-R/CTC | 02.1963 | Mad. di Camp. | | Leitner | |
| FIS-R/AKH | 03.1963 | Chamonix | | | Leitner |
| FIS-R/LBH | 01.1964 | Wengen | Leitner | | |
| FIS-R/AKH | 01.1965 | St. Anton | | | Leitner |
| FIS-R | 01.1965 | Bad Wiessee | Leitner | | |
| FIS-R | 03.1965 | Are | Leitner | | |
| FIS-R/LAP | 03.1965 | Levi | Leitner | | |
| FIS-R/HOK | 03.1965 | Voss | Leitner | | |
| FIS-R/CTC | 02.1966 | Mad. di Camp. | Leitner | | |
| FIS-R/AKH | 03.1966 | Mürren | | | Leitner |

FIS-R/AST  - FIS-Rennen/Adelbodner Skitage
FIS-R/CEA  - FIS-Rennen / Coup Emilie Allais

FIS-R/CTC  - FIS-Rennen/Copa Tre Comuni
FIS-R/KES  - Kriterium des ersten Schnee

154

# Ludwig „Luggi" Leitner

## Riesenslalom

| Event | Datum | Event - Ort | Platz 1 | Platz 2 | Platz 3 |
|---|---|---|---|---|---|
| FIS-R/AST | 01.1959 | Adelboden | | | Leitner |
| FIS-R/AST | 01.1960 | Adelboden | Leitner | | |
| FIS-R | 03.1962 | Sierra Nevada | Leitner | | |
| FIS-R/AST | 01.1963 | Adelboden | | | Leitner |
| FIS-R/STB | 02.1963 | Kleinwalsertal | Leitner | | |
| FIS-R | 03.1963 | Arosa | Leitner | | |
| FIS-R | 08.1965 | Portillio | Leitner | | |
| FIS-R/3TR | 01.1966 | Mad. Di Camp. | | Leitner | |

## Kombination

| Event | Datum | Event - Ort | Platz 1 | Platz 2 | Platz 3 |
|---|---|---|---|---|---|
| FIS-R/AKH | 03.1960 | Sestriere | | Leitner | |
| WM | 02.1962 | Chamonix | | | Leitner |
| FIS-R/AKH | 03.1963 | Chamonix | | | Leitner |
| FIS-R/LBH | 01.1964 | Wengen | | Leitner | |
| WM | 02.1964 | Innsbruck | Leitner | | |
| FIS-R/HAK | 01.1965 | Kitzbühel | | Leitner | |
| FIS-R/ALP | 02.1965 | Davos | Leitner | | |
| FIS-R/CTC | 02.1965 | Gröden | Leitner | | |
| FIS-R/AKH | 03.1965 | St. Anton | | | Leitner |
| FIS-R/LAP | 03.1965 | Levi | Leitner | | |
| FIS-R/HOK | 03.1965 | Voss | Leitner | | |
| FIS-R | 08.1965 | Portillio | Leitner | | |
| FIS-R/CTC | 02.1966 | Mad. Di Camp. | | | Leitner |
| WM | 08.1966 | Portillio | | | Leitner |

FIS-R/HOK - FIS-Rennen/Holmenkollen Kandahar
FIS-R/AKH - FIS-Rennen/Arlberg Kandahar
FIS-R/LBH - FIS-Rennen/Lauberhorn
FIS-R/HAK - FIS-Rennen/Hahnenkamm

FIS-R/LAP - FIS-Rennen/Lapplandpokak
FIS-R/STB - FIS-Rennen/Steinbock
FIS-R/ALP - FIS-Rennen / Alpenpokal
FIS-R/3TR - FIS-Rennen/3-Pisten

# Wolfgang Bartels

14. Juli 1940 in Bischofswiesen – 06. Februar 2007 in Ramsau/Berchtesgaden

Zusammen mit Luggi Leitner aus dem Kleinwalsertal prägte Wolfgang Bartel die deutsche Szene im Abfahrtslauf bis in die Mitte der 60er-Jahre. So konnte sich Bartel zwischen 1962 und 1964 über drei deutsche Titel in Abfahrt (2) und Slalom freuen. Seinen spektakulärsten und gleichzeitig internationalen Coup gelang ihm mit der Bronzemedaille im Abfahrtslauf der Olympischen Spiele 1964 in Innsbruck, einer Medaille mit Doppelwirkung, da sie auch als Weltmeisterschafts-Medaille gilt und zusätzlich Strahlkraft verleiht.

Bereits in früher Jugend konnte Wolfgang Bartels sein Talent offenbaren. Zu Anfang des sechsten Jahrzehnts gelangen Bartels bei seinen internationalen Einsätzen Spitzenresultate. Den erste Sieg schafft Bartels 1962 beim „Kriterium des ersten Schnee" in Val d`Isere in einem Riesenslalom. Es folgten weitere Sieg-Rennen mit den Abfahrtsläufen der 3-Tre-Pistenrennen von Madonna di Campiglio 1963 und 1964, wie in Saalbach mit den Erfolgen in Abfahrt und dem Slalom, oder Sestriere mit einem Abfahrtslauf um den Königspokal. Nach den Olympischen Spielen von Innsbruck verunglückte Bartels schwer mit seinem Auto. Nach seiner Genesung und dem Wiedereinstieg in die Rennserie konnte Wolfgang Bartels seine früherer Leistungsstärke nicht mehr annähernd erreichen und zog sich 1966 aus dem Leistungssport zurück. Bundespräsident Heinrich Lübke zeichnet ihn mit dem Silbernen Lorbeerblatt für die Verdienste um den alpinen Skisport aus. Als Abfahrtstrainer von 1967 bis 1976 im Deutschen Ski Verband formte er die Epple-Schwestern, aber auch Rosi Mittermaier, Michael Veith und Josef Ferstl zu Spitzenläufern von Weltformat.

Später führte er mit seiner Gattin Margit den „Wörndlhof" in Hintersee, den er von den Eltern übernommen hatte. Wolfgang Bartels starb am 06. Februar 2007 im Alter von 67 Jahren.

# Wolfgang Bartels

## Abfahrtslauf

| Event | Datum | Event - Ort | Platz 1 | Platz 2 | Platz 3 |
|---|---|---|---|---|---|
| FIS-R/AKH | 03.1962 | Sestriere | | | Bartels |
| FIS-R/3PR | 01.1963 | Saalbach | Bartels | | |
| FIS-R/HAK | 01.1963 | Kitzbühel | | | Bartels |
| FIS-R/CTC | 02.1963 | Mad. Di Camp. | Bartels | | |
| FIS-R/CTC | 01.1964 | Mad. Di Camp. | Bartels | | |
| OLS/WM | 01.1964 | Innsbruck | | | Bartels |
| FIS-R/KÖP | 02.1964 | Sestriere | Bartels | | |

## Slalom

| Event | Datum | Event - Ort | Platz 1 | Platz 2 | Platz 3 |
|---|---|---|---|---|---|
| FIS-R/AKH | 03.1962 | Sestriere | | Bartels | |
| FIS-R/3PR | 01.1963 | Saalbach | Bartels | | |

## Riesenslalom

| Event | Datum | Event - Ort | Platz 1 | Platz 2 | Platz 3 |
|---|---|---|---|---|---|
| FIS-R/KES | 12.1962 | Val dl`Isere | Bartels | | |
| | | | | | |

## Kombination

| Event | Datum | Event – Ort | Platz 1 | Platz 2 | Platz 3 |
|---|---|---|---|---|---|
| FIS-R/AKH | 03.1962 | Sestriere | | | Bartels |
| FIS-R/HAK | 01.1963 | Kitzbühel | | Bartels | |
| FIS-R/CTC | 01.1964 | Mad. Di Camp. | | | Bartels |

FIS-R/AKH - FIS-Rennen/Arlberg Kandahar
FIS-R/3PR - FIS-Rennen/3-Pisten Rennen
FIS-R/CTC - FIS-Rennen/Copa Tre Comuni
FIS-R/KÖP - FIS-Rennen/Königspokal

FIS-R/KES - FIS-Rennen/Kriterium erster Schnee
FIS-R/3PR - FIS-Rennen/3-Pisten Rennen
FIS-R/HAK - FIS-Rennen/Hahnenkamm
OLS/WM - Olympische Spiele/Weltmeisterschaft

# Wilhelm „Willy" Bogner

23. Januar 1942 in München –

Wilhelm nur immer kürzer „Willy" gerufen hatt viele Talente. Sein Talent und die Begeisterung in den jungen Jahren seines Lebens setzte er für den alpinen Skisport ein. Im Alter von gerade mal siebzehn gewann Willy Bogner sein erstes Rennen, dem ein Jahr später der legendäre Abfahrtssieg in Wengen am Lauberhorn folgte. Bei den Olympischen Spielen 1960 von Squaw Valley und denen von Innsbruck 1964 immer als heißer Medaillen-Kandidat gehandelt, konnte Willy Bogner die in ihn gesetzten Erwartungen leider nicht ganz erfüllen. Das gleiche galt für die Weltmeisterschaften 1962 in Chamonix und 1966 in Portillio in Chile, wo er mit Rang vier im Slalom und Platz fünf in der Kombination seine besten Ergebnisse erreichte. Im Jahre 1962 wurde Bogner im Slalom wie auch in der Kombination Studentenweltmeister. Den dritten größeren Sieg realisierte Willy Bogner im März 1962 in Arosa in einer Abfahrt, dem er bei den 3-Tre-Rennen 1964 in Madonna di Campiglio den vierten Abfahrtserfolg folgen ließ. Ein dritter Rang im Slalom in Madonna Di Campiglio 1966 sollte sein letzte Podest auf internationaler Bühne sein. Nicht vergessen sollen die Deutschen Meistertitel sein, die Willy Bogner in einer Abfahrt und je zweimal im Slalom und Kombination in der Zeit von 1960 bis 1966 gewann.

Als Filmemacher machte sich Willy Bogner im Metier des weißen Sports nach der Laufbahn im Leistungssport ebenfalls einen Namen. So wirkte er u. a. als Kamera-Mann in James Bond-Filmen mit. Für diese Arbeiten und den Film „Feuer und Eis" erhielt Bogner 1986 den Bambi-Filmpreis verliehen.

In trauriger Erinnerung für alle Beteiligten wird der 12. April 1964 bleiben, als bei Bogners Aufnahmen für seinen Dokumentarfilm „Skifascination" bei St. Moritz vierzehn Skirennläufer der Weltklasse von einem Lawinenabbruch erfasst und begraben wurden. Willy Bogners damalige Lebensgefährtin, Rennläuferin Barbara Henneberger und der Amerikaner Wallace „Buddy" Werner kamen dabei ums Leben. - Als Nachfolger seines Vaters baute Willy Bogner in München ein kleines aber feines Mode-Imperium auf. Seit 1972 ist Bogner mit dem brasilianischen Model Sonia Ribeiro verheiratetn einer Schwester der Schauspielerin Florinda Bolkan. Das Ehepaar adoptierte zwei Kinder aus Brasilien.

# Wilhelm „Willy" Bogner

## Abfahrtslauf

| Event | Datum | Event – Ort | Platz 1 | Platz 2 | Platz 3 |
|---|---|---|---|---|---|
| FIS-R/DWB | 01.1959 | St. Moritz | Bogner | | |
| FIS-R/LBH | 01.1960 | Wengen | Bogner | | |
| FIS-R | 03.1962 | Arosa | Bogner | | |
| FIS-R/3TR | 02.1964 | Mad. Di Camp. | Bogner | | |

## Slalom

| Event | Datum | Event - Ort | Platz 1 | Platz 2 | Platz 3 |
|---|---|---|---|---|---|
| FIS-R/HAK | 01.1960 | Kitzbühel | | | Bogner |
| FIS-R/3TR | 01.1966 | Mad. Di Camp. | | | Bogner |

## Kombination

| Event | Datum | Event - Ort | Platz 1 | Platz 2 | Platz 3 |
|---|---|---|---|---|---|
| FIS-R/LBH | 01.1960 | Wengen | | Bogner | |
| | | | | | |

FIS-R/DWB - FIS-Rennen/Das Weiße Band
FIS-R/LBH  - FIS-Rennen/Lauberhorn
FIS-R/CTC  - FIS-Rennen/Copa Tre Comuni
FIS-R/HAK - FIS-Rennen/Hahnenkamm

# Willi Lesch

11. Dezember 1942 in München –

Der Münchner war zwar ein Allrounder im erweiterten Sinne, aber den ganz großen Durchbruch schaffte Willi Lesch in keiner der alpinen Disziplinen. Die Ausnahme bildete sein Erfolg bei einem FIS-Rennen in Bad Wiessee. Dort gewann er einen Nachtslalom, der aber nicht zum Weltcup zählte. Schadlos hielt er sich dafür, die Deutschen Meistertitel 1966 und 1968 im Riesenslalom zu gewinnen, wie auch 1968 in der Kombination. Zwei mal startete Lesch für den Deutschen Ski Verband bei den Olympischen Winterspielen von Grenoble 1968 und Sapporo 1972 mit den unbefriedigenden Rängen 22 im Riesenslalom und 29 in der Abfahrt. 1971 beendet Willi Lesch seine Karriere, um von 1972 bis 1973 und 1976 bis 1997 als Trainer beim Deutschen Ski Verband zu fungieren. In dieser Zeit arbeitete Lesch u. a. Mit Irene Epple und Christa Kinshofer. In einem dreijährigen Engagement vom Jahre 1973 bis 1976 war Willi Lesch der Trainer der norwegischen Damen Ski-Nationalmannschaft.

Heute betreibt Willi Lesch einen Landgasthof in Kreuth am Tegernsee, bevor er zwanzig Jahre zuvor eine Energieentsorgungs-/Recyclingfirma aufgebaut, geleitet und sie dann seinem Sohn übereignet hat.

## Slalom

| Event | Datum | Event – Ort | Platz 1 | Platz 2 | Platz 3 |
|-------|-------|-------------|---------|---------|---------|
| FIS-R/NSL | 01.1967 | Bad Wiessee | Lesch | | |
| | | | | | |

FIS-R/NSL - FIS-Rennen / Nachtslalom

# Josef „Sepp" Heckelmiller

05. November 1943 in Hindelang/Oberallgäu –

Josef „Sepp" Heckelmiller wurde vom Deutschen Ski Verband für Olympia 1968 in Grenoble wie auch im Jahr 1972 in Sapporo nominiert, ebenso wie er auch an an zwei Weltmeisterschaften 1970 in Gröden und 1974 in St. Moritz teilnahm. Seine ersten Weltcup-Punkte sicherte er sich im März 1968 in Meribel mit einem sehr beachtlichen 5. Platz im Riesenslalom, seiner starken Disziplin. Erstmals aufs Podium sprang Sepp Heckelmiller in Madonna Di Campiglio im Januar 1969, als er beim überraschenden deutschen Doppelsieg des Riesenslaloms hinter Gerhard Prinzing, aber vor Benkt-Erik Grahn/Schweden den zweiten Platz belegt. Dieses Rennen zählte zu den so genannten FIS-A-Rennen, die dem 1967 von der FIS geschaffenen Weltcup noch nicht zuzurechnen waren. Alle Podestplätze später erzielte Heckmiller ausschließlich im Riesenslalom. In vier weiteren Weltcup-Rennen aber gelang es ihm in Adelboden, Are, Banff und Haevenly Valley Weltcup-Plätze auf dem Podium zu erreichen. Den Platz ganz oben auf dem Podest in der Mitte blieb ihm aber verwehrt, sieht man vom Titel der Deutschen Meisterschaft im Riesenslalom 1974 ab.

Nach den Weltmeisterschaften 1974 in St. Moritz sagte Sepp Heckelmiller der Rennsportkarriere „Ade". Er betätigte sich danach als Leiter einer Skischule und führt heute ein Hotel am Oberjoch, auf Deutschlands höchst gelegenem Dorf.

Riesenslalom

| Event | Datum | Event - Ort | Platz 1 | Platz 2 | Platz 3 |
|-------|-------|-------------|---------|---------|---------|
| FIS-R/CTC | 01.1969 | Mad. Di Camp. | | Heckelmiller | |
| WC | 01.1970 | Adelboden | | Heckelmiller | |
| WC | 02.1971 | Haevenly Valley | | | Heckelmiller |
| WC | 03.1971 | Are | | Heckelmiller | |
| WC | 02.1972 | Banff | | Heckelmiller | |

WC        - Weltcup
FIS-R/CTC - FIS-Rennen / Copa Tre Comuni

# Gerhard Prinzing

22. April 1943 in Rettenberg/Oberallgäu – 13. Oktober 2018 in Sonthofen

Gerhard Prinzing, dessen Schwester Christa Prinzing ebenfalls eine Rennläuferin im deutschen Ski-Nationalteam war, begann seinen Einstieg ins internationale Renngeschehen im Jahre 1961. Gerhard Prinzing war 1966 Teilnehmer bei der Weltmeisterschaft von Portillio in den chilenischen Anden. Für diese WM empfahl er sich im März 1966 im italienischen Cervinia mit einem Sieg im Abfahrtslauf ein drücklich. Lief es in den Anden mit den Platzierungen von 33 und 37 in Abfahrt und Riesenslalom garnicht optimal, um so mehr überzeugte Gerhard Prinzing bei den Olympischen Spielen von Grenoble 1968 im Abfahrtslauf mit Rang 5. Auch hervorzuheben der Sieg im Riesenslalom 1969 in Madonna Di Campiglio vor seinem Mannschaftsgefährten Sepp Heckelmiller, deren Ergebnisse aus logistisch-organisatorischen Gründen noch keinen Eingang in die Weltcupwertung fanden. Der Sieg im Riesenslalom bescherte Prinzing auch den Erfolg in der Kombination des 3-Tre Comuni-Pistenrennens. Einmal konnte Gerhard Prinzing den Titel eines Deutschen Meisters der Kombination gewinnen, während er sich im Laufe der Karriere siebenmal mit der Vizemeisterschaft in den anderen Disziplinen zufrieden geben musste. - 1971 zieht sich Prinzing vom Leistungssport zurück. Im Skigebiet seiner Heimat unterhält er Skiliftanlagen mit einer Skischule. Gerhard Prinzing ist am 13. Oktober 2018 nach längerer Krankheit in Sonthofen verstorben.

Abfahrtslauf

| Event | Datum | Event - O rt | Platz 1 | Platz 2 | Platz 3 |
|-------|-------|--------------|---------|---------|---------|
| FIS-R | 03.1966 | Cervinia | Prinzing | | |

Riesenslalom

| Event | Datum | Event-Ort | Platz 1 | Platz 2 | Platz 3 |
|-------|-------|-----------|---------|---------|---------|
| FIS-R/CTC | 01.1969 | Mad. Di Camp. | Prinzing | | |

Kombination

| Event | Datum | Event-Ort | Platz 1 | Platz 2 | Platz 3 |
|-------|-------|-----------|---------|---------|---------|
| FIS-R/CTC | 01.1969 | Mad. Di Camp. | Prinzing | | |

FIS-R/CTC - FIS-Rennen/Copa Tre Comuni

# Franz Vogler

15. August 1944 in Oberstdorf –

Franz Vogler feierte als 21-Jähriger seinen größten und überraschendsten Erfolg mit der Bronzemedaille im Abfahrtslauf bei der Weltmeisterschaft 1966 in Portillio/Chile. Er war kein Favorit, startete nicht in der ersten Start- Gruppe, sondern weit hinten mit der Start- Nr. 23 und war vom Verband für die WM gar nicht nominiert worden. Erst die Flugkostenübernahme durch seine Fans und seinen Heimatort ermöglichten den Start. Zwei Jahre später bei Olympia 1968 von Grenoble und den Spielen 1972 in Sapporo konnte Franz Vogler seinen Erfolg der jungen Jahre vorerst nicht bestätigen. Bei der WM 1970 wurde er als einer der Mitfavoriten durch einen Sturz im Training mit tiefer Schnittverletzung am linken Knie ausgebremst. In seiner doch relativ kurzen Karriere und die in Rennen später erzielten Podestplätze, gewinnt Franz Vogler ausschließlich im Abfahrtslauf. Sieben Podiumsplätze neben seinem einzigen Weltcup-Erfolg in Crystal Mountain, zwei zweiten Rängen in Kitzbühel und Megeve wie  fünf Ränge auf Platz Drei, zeugten von Franz Voglers speziellen Anlagen im Abfahrtslauf.

Nach der Saison 1971/72 zog sich Vogler vom Leistungssport zurück und fand als Architekt in Oslo/Norwegen und dann später in seinem Geburtsort Oberstdorf seine berufliche Profession.

## Abfahrtslauf

| Event | Datum | Event - Ort | Platz 1 | Platz 2 | Platz 3 |
|-------|-------|-------------|---------|---------|---------|
| WM | 08.1966 | Portillio | | | Vogler |
| WC | 01.1967 | Kitzbühel | | Vogler | |
| WC | 01.1967 | Megeve | | | Vogler |
| WC | 02.1969 | St. Anton | | | Vogler |
| WC | 02.1970 | Garmisch-P. | | | Vogler |
| WC | 01.1971 | Megeve | | Vogler | |
| WC | 02.1972 | Crystal Mountain | Vogler | | |

WM  - Weltmeisterschaften
WC  - Weltcup

# Max Rieger
10. Juli 1946 in Mittenwald –

Max Rieger war 1969 Deutscher Slalom-Meister wie auch zwei Jahre später Deutscher Meister im Riesenslalom und in der Kombination. Er war für den Deutschen Skiverband als Starter bei Olympische Spielen 1968 in Grenoble und 1972 in Sapporo, wie auch an den Weltmeisterschaften 1970 in Gröden/Südtirol und auch in St. Moritz 1974 nominiert. Bestes Resultat wurde sein 6. Platz im Riesenslalom bei Olympia in Sapporo. Bei der Weltmeisterschaft 1970 in Gröden imponierte Rieger mit den Rängen 4. im Riesenslalom und in der Kombination. Die Stärke von Max Rieger war der Riesenslalom, mit dem er auch seinen einzigen Sieg im Weltcup in Mount Sainte-Anne 1973 realisieren konnte. Noch drei weitere Erfolge mit den Rängen Zwei und Drei in Berchtesgaden 1971 und 1972, wie Rang Drei 1969 in der Kombination von Madonna Di Campiglio bei den 3-Tre Comuni-Rennen. - 1975 beendet Max Rieger den Leistungssport. Danach betrieb er in Ellmau und Mittenwald eine Skischule.

## Slalom

| Event | Datum | Event - O rt | Platz 1 | Platz 2 | Platz 3 |
|-------|-------|------|---------|---------|---------|
| WC | 01.1971 | Berchtesgaden | | | Rieger |
| WC | 01.1972 | Berchtesgaden | | Rieger | |

## Riesenslalom

| Event | Datum | Event - Ort | Platz 1 | Platz 2 | Platz 3 |
|-------|-------|------|---------|---------|---------|
| WC | 03.1973 | Mt. Sainte-Anne | Rieger | | |

## Kombination

| Event | Datum | Event - Ort | Platz 1 | Platz 2 | Platz 3 |
|-------|-------|------|---------|---------|---------|
| FIS-R/CTC | 01.1969 | Mad. Di Camp. | | | Rieder |

WC      - Weltcup
FIS-R/CTC   - FIS-Rennen/Copa Tre Comuni

# Hansjörg Schlager

20. August 1948 in Langenau – 10. März 2004 in Titisee-Neustadt

Von Ende der 60er Jahre bis zur Mitte der 70er gehörte Hansjörg Schlager der deutschen Ski-Nationalmannschaft an, und war zusammen mit Christian Neureuther einer der stärksten Slalomfahrer im Team. 1970 wie auch 1973 sicherte sich Schlager den Deutschen Meistertitel im Slalom. Erste Weltcup-Punkte verzeichnete er 1968 bei der Abfahrt von Chamonix durch seinen siebten Rang. Bei seiner Weltmeisterschaftsnominierung 1970 im Südtiroler Ort Gröden erzielt Hansjörg Schlager den sechsten Platz in der Kombination. Die Teilnahme an den Olympischen Spielen in Sapporo endete für ihn mit dem unbefriedigenden 18. Rang. Bei den Weltcuprennen in der Zeit von 1973 bis 1975 gelangen Schlager neun Platzierungen unter den TOP Zehn, aber einen Platz auf dem Podium erreicht Hansjörg Schlager nur einmal mit seinem dritten Rang des Slaloms von Garmisch-Partenkirchen Januar 1974. Als auch am Anfang der Saison 1975/76 annehmbare Ergebnisse ausblieben, und Schlager vom Ski Verband nicht für die Olympischen Spiele Innsbruck 1976 berücksichtigt wurde, beendet Hansjörg Schlager im Januar 1976 seine Laufbahn im Rennsport. Viel später, im Jahre 2002 stellte man bei ihm eine Amyotrophe Lateralsklerose fest. 2004 verstarb Hansjörg Schlager im Alter von 55 Jahren.

Slalom

| Event | Event | Event - Ort | Platz 1 | Platz 2 | Platz 3 |
|-------|-------|-------------|---------|---------|---------|
| WC | 01.1974 | Garmisch-P. | | | Schlager |
| | | | | | |

WC - Weltcup

# Christian Neureuther

28. April 1949 in Garmisch-Partenkirchen -

In erster Linie war er ein Spezialist des Slaloms, denn Christian Neureuthers Erfolge fußen auf dieser technisch so anspruchsvollen Disziplin. Schon mit jungen 19 Jahren gewann Neureuther den ersten von insgesamt zwölf Titeln bei den deutschen Meisterschaften. Im Slalom kam er zwischen 1974 und 1978 fünfmal in Serie zu Titelehren. Sein Start in den Weltcup ist anfangs weniger überzeugend, denn oft in aussichtsreicher Position in den Rennen liegend, stürzte er oder schied wegen Einfädelns zwischen den Slalomstangen aus. Dies hatte sicherlich nicht zu seinem Selbstvertrauen beigetragen, das man ihn ironisch-lästerlich-bedauerlich in den Medien den „Sturzreuther" titulierte. Aber Christian Neureuther biss sich durch, und nach der noch erfolglosen Olympiasaison 1972/73 gewann er am 14. Januar 1973 den Slalom von Wengen am Lauberhorn. Sein erstes Ausrufezeichen! Nur eine Woche später folgte der Slalomsieg in Megeve. Aber die Olympischen Winterspiele von 1976 waren für Neureuther als ein Mitfavorit wieder mehr eine Enttäuschung, trotz eines 5. Platzes im Slalom. Auch 1980 in Lace Placid, zerstob der Traum von einer Medaille bei Olympia. Aber bei den großen renommierten Weltcup-Rennen, wie das am Lauberhorn in Wengen, das Christian Neureuther 1974 wiederholt für sich entscheiden konnte, wie auch den Slalom in Garmisch-Partenkirchen im selben Jahr, da zeigte er seine großen Fähigkeiten. Schließlich im Jahre 1979, die Krönung seiner Weltcup-Karriere in Kitzbühel mit dem Slalomsieg am Hahnenkamm, der auch sein letzter Sieg blieb. Christian Neureuther konnte 21 Podeste im Weltcup vorweisen, 7x als Sieger, 6x als Zweitplatzierter und 8x als Dritter. Eine sehenswerte Bilanz!

Im Februar 1981 beendet Christian Neureuther den Leistungssport. Seit 1980 ist Neureuther mit der zweifachen Olympiasiegerin von Innsbruck 1976 Rosi Mittermaier verheiratet. Zwei gemeinsame Kinder Ameli und Felix gehören zur Familie. Sohn Felix tritt in große Fußstapfen von Mutter und Vater, und war bis 2019 aktiv.

# Christian Neureuther

Slalom

| Event | Datum | Event – Ort | Platz 1 | Platz 2 | Platz 3 |
|-------|-------|-------------|---------|---------|---------|
| WC | 01.1971 | Megeve | | | Neureuther |
| WC | 02.1971 | Heavenly Valley | | Neureuther | |
| WC | 12.1972 | Mad. Di Camp. | | | Neureuther |
| WC | 02.1973 | Wengen | Neureuther | | |
| WC | 01.1973 | Megeve | Neureuther | | |
| WC | 02.1973 | St. Anton | | Neureuther | |
| WC | 03.1973 | Mt. Saint Anne | | | Neureuther |
| WC | 03.1973 | Naeba | | Neureuther | |
| WC | 12.1973 | Vipiteno | | | Neureuther |
| WC | 01.1974 | Garmisch-P. | Neureuther | | |
| WC | 01.1974 | Wengen | Neureuther | | |
| WC | 02.1975 | Naeba | | | Neureuther |
| WC | 01.1976 | Wengen | | | Neureuther |
| WC | 03.1977 | Voss | | | Neureuther |
| WC | 12.1978 | Mad. Di Camp. | | | Neureuther |
| WC | 01.1979 | Crans-Montana | Neureuther | | |
| WC | 01.1979 | Kitzbühel | Neureuther | | |
| WC | 03.1979 | Furano | | Neureuther | |
| WC | 01.1980 | Kitzbühel | | Neureuther | |
| WC | 02.1980 | Waterv. Valley | | Neureuther | |

Kombination

| Event | Datum | Event - Ort | Platz 1 | Platz 2 | Platz 3 |
|-------|-------|-------------|---------|---------|---------|
| FIS-R/CTC | 12.1978 | Mad. Di Camp. | Neureuther | | |

WC        - Weltcup
FIS-R/CTC - FIS-Rennen/Copa **Tre Comuni**

167

# Josef „Sepp" Ferstl

06. April 1954 in Ruhpolding –

Im Jahr 1974 als 20-jähriger fand Josef Ferstl Aufnahme in den A-Kader der Ski-Nationalmannschaft. Sepp Ferstl`s erstes Podium zu besetzen gelang ihm am 22. Januar 1977 mit dem selbst ihn überraschenden zweiten Platz im Abfahrtslauf am Lauberhorn von Wengen. Als Dritter in der Kombination erhöhte er noch einmal das Konto seiner in Wengen ersten gewonnen Weltcuppunkte. Den Sieg in der Kombination gelang Sepp Festl dann im Februar des selben Jahres beim Arlberg-Kandahar-Rennen von Laax und St. Anton. Als Abfahrt-Zweiter in Laax und eine gute Platzierung im Slalom von St. Anton gelang ihm dieser Coup. Zweifellos waren die Höhepunkte von Josef Ferstl seine Abfahrtserfolge 1978 und 1979 bei den Hahnenkamm-Rennen in Kitzbühel auf der „Streif". Ein weiteres Top-Ergebnis in der Karriere erzielt Ferstl bei der WM in Garmisch-Partenkirchen von 1978 mit der Silbermedaille für die Kombination. Zwei Deutsche Meistertitel 1976 in der Abfahrt und 1977 im Riesenslalom sind zu erwähnen. - Nach einer langwährenden Verletzung trat Josef Ferstl kurz vor Beginn der Saison 1981/82 vom Leistungssport zurück. Inzwischen hat sein talentierter Sohn, auch Josef benannt, die Nachfolge des Vaters im alpinen Rennsport angetreten.

Abfahrtslauf

| Event | Datum | Event - O rt | Platz 1 | Platz 2 | Platz 3 |
|-------|-------|--------------|---------|---------|---------|
| WC | 01.1977 | Wengen | | Ferstl | |
| WC | 02.1977 | Laax | | Ferstl | |
| WC | 01.1978 | Kitzbühel | Ferstl | | |
| WC | 01.1979 | Kitzbühel | Ferstl | | |

Kombination

| Event | Datum | Event - Ort | Platz 1 | Platz 2 | Platz 3 |
|-------|-------|-------------|---------|---------|---------|
| WC | 01.1977 | Wengen | | | Ferstl |
| WC | 02.1977 | St. Anton | Ferstl | | |
| WM | 02.1978 | Garmisch-P. | | Ferstl | |

WC - Weltcup
WM - Weltmeisterschaft

# Michael Veith

20. Januar 1957 in Tegernsee –

In den 70er- und 80er-Jahren bildete Michael Veith mit Sepp Ferstl das starke deutsche Abfahrtsduo im Skinational-Team. Mit jungen 17 Lenzen startete er bereits bei der Weltmeisterschaft 1974 in St. Moritz und wurde 21. in der Abfahrt. Die ersten Punkte im Weltcup kann Veith sich Ende des Jahren in Val`Isere mit dem überraschenden dritten Rang in der Abfahrt, seinem ersten Podest, holen. Nur den Österreichern Klammer und Grissmann musste er den Vortritt lassen. Im März 1975 bei den Weltcup-Rennen in den USA wird Veith Zweiter im Abfahrtslauf von Jackson Hole hinter Franz Klammer und vor dem Schweizer Rene´ Berthod. Zwei Monate zuvor war Veith Junioren- Europameister vor Leonhardt Stock/Österreich geworden. Ansonsten konnte Michael Veith in der Saison 1975/76 und bei den Olympischen Spielen von Innsbruck nicht ganz überzeugen. Erst bei den Rennen in 1977/78 lief es wieder viel besser, konnte er doch mit den dritten Rängen von Kitzbühel und Les Houches das Podium besetzen. Sein größter Erfolg in seiner Karriere gipfelte aber für Michael bei der Weltmeisterschaft 1978 in Garmisch-Partenkirchen mit dem Gewinn der Silbermedaille auf der Kandahar-Abfahrts-Piste, und bei gerade mal nur 7/100 sek. hinter dem Österreicher Josef Walcher. Die nachfolgenden vier Jahre aber blieben für Michael Veith ohne nennenswerte Ergebnisse, sieht man von zwei TOP- Zehn Rängen in Abfahrtsläufen ab. Weder bei den Olympischen Spielen 1980 in Lake Placid, noch bei den Weltmeisterschaften 1982 in Schladming fand Michael Veith zur Stärke der früheren Jahre zurück.
Nach Ende der Saison 1982/83 gab Michael Veith den Rücktritt innerhalb des Weltcups bekannt. Später gründet Veith ein Sportmarketing-Unternehmen.

Abfahrtslauf

| Event | Datum | Event - Ort | Platz 1 | Platz 2 | Platz 3 |
|-------|-------|-------------|---------|---------|---------|
| WC | 12.1974 | Val d´Isere | | | Veith |
| WC | 03.1975 | Jackson Hole | | Veith | |
| WC | 01.1978 | Kitzbühel | | | Veith |
| WM | 01.1978 | Garmisch-P. | | Veith | |
| WC | 02.1978 | Les Houches | | | Veith |

WM - Weltmeisterschaft     WC - Weltcup

# Florian Beck

07. Januar 1958 in Gunzesried/Allgäu -

Zusammen mit Frank Wörndl war Florian Beck bis zur Mitte der 8oer-Jahre unser bester Slalomfahrer im Ski-Nationalteam. In den Jahren von 1984 bis 1989 gewann er viermal den Deutschen Titel in dieser, seiner Spezialdisziplin. In seiner aktiven Karriere nahm Beck zweimal an den Olympischen Spielen Sarajewo 1984 und Calgary 1988 wie zweimal an den Weltmeisterschaften von Schladming 1982 und Bormio 1985 teil. Aus den vier Events resultierten Becks beste Ergebnisse mit Platz Acht in Calgary und Zehn in Bormio jeweils im Slalom. Nur ein einziges Mal gelang es Florian Beck ein Podest im Weltcup zu besteigen, als er im Januar 1985 in Bad Wiessee einen zweiten Platz hinter Marc Giradelli/Luxemburg, aber noch vor dem Schweden Ingemar Stenmark belegt.

Nach den Olympischen Winterspielen 1988 beendet Florian Beck die Karriere, bleibt aber dem alpinen Skisport verbunden durch seine Tätigkeit als Koordinator des Trainingszentrum Oberjoch im Allgäu. Er wohnt in seiner Geburts- und Heimatgemeinde Gunzesried, und ist verheiratet mit der Ex-Rennläuferin Marie Epple-Beck, die zwei Jahre vor ihm zurückgetreten war. Zwei gemeinsame Kinder komplettieren die Familie.

Slalom

| Event | Datum | Event - Ort | Platz 1 | Platz 2 | Platz 3 |
|-------|-------|-------------|---------|---------|---------|
| WC | 01.1985 | Bad Wiessee | | Beck | |

WC - Weltcup

# Frank Wörndl

28. Juni 1959 in Sonthofen –

Den Einstand in den Weltcup gab Frank Wörndl am 21. Dezember 1978 beim Slalom von Kranjska Gora, den er mit einem achten Platz beendete. Im Laufe der Karriere von Wörndl gelang diesem kein einziges Mal einen Platz auf dem Podium eines Weltcup-Rennens zu realisieren. Aber man musste Frank Wörndl als einen Meister für die spektakulären Großereignissen oder einen Meister von Effektivität und Rationalität bezeichnen. Wörndl wurde vom Deutschen Ski Verband für die Weltmeisterschaften 1978 in Garmisch-Partenkirchen und 1987 in Crans-Montana nominiert und ging auch bei den Olympischen Spielen 1980 wie 1988 in Lake Placid und Calgary für Deutschland an de Start. Während die Weltmeisterschaft von1978 und die Olympischen Spiele 1980 noch zu früh für Wörndl kamen, so erfüllte Wörndl 10 Jahre später bei der WM und bei den Olympischen Spielen die in ihn gesetzten Erwartungen mit den Medaillen in Gold und Silber, jeweils im Slalom. In dieser seiner Disziplin, dem Slalom sicherte sich Wörndl in der Zeit von 1979 bis 1985 vier Titel bei Deutschen Meisterschaften und einen im Riesenslalom. Nicht das gelang, auch schaffte er es, das sein Konterfei auf einer Briefmarke des Staates Paraguay erschien, wenn auch ohne sein Zutun.

Nach seinem Rücktritt vom Leistungssport sieht und hört man Wörndl zeitweise als Fachkommentator bei Funk und Fernsehen (ZDF, Eurosport). Wie eine von ihm angekündigte eventuelle Gesangskarriere verlaufen wird, bleibt abzuwarten.

Slalom

| Event | Datum | Event - Ort | Platz 1 | Platz 2 | Platz 3 |
|-------|-------|-------------|---------|---------|---------|
| WM | 02.1987 | Crans-Montana | Wörndl | | |
| OLS | 02.1988 | Calgary | | Wörndl | |

WM - Weltmeisterschaften
OLS - Olympische Spiele

# Josef „Sepp" Wildgruber

01. Januar 1959 in Oberaudorf –

Seine ersten Rennen im Weltcup bestritt Sepp Wildgruber im Jahr 1976. Erfolge aber blieben zunächst aus. Der frühe Tod seines Vater und Bruders zwangen ihn, den landwirtschaftlichen Hof zu übernehmen. So blieb wenig Zeit für den erforderlichen Trainingsaufwand, um TOP-Erfolge zu erzielen. Aber bei den Junioren-Europameisterschaften 1977 in Kranjska Gora gab Sepp Wildgruber sein erstes Ausrufezeichen von sich: Bronze im Abfahrtslauf. Bei den Olympischen Winterspielen 1984 in Sarajewo zeigte er mit dem siebten Platz im Abfahrtsrennen eine ansprechende Leistung. Die erfolgreichste Saison stand Wildgruber noch bevor. So fuhr er im japanischen Furano im März 1985 auf auf den zweiten Rang des Abfahrtslaufes, das erste mal stand er auf dem Podium für eine Siegerehrung. Eine Woche später in Aspen/USA wurde er Dritter, um im Dezember des gleichen Jahres abermals Dritter auf der Saslong Abfahrts-Piste von Gröden (St. Ullrich) durchs Ziel zu rasen. Auch wird Wildgruber in 1985 Deutscher Meister in der Abfahrt, einen Titel, den er bereits im Jahr 1982 inne hatte. Ein zehnter Platz im Abfahrtsrennen der WM in Crans-Montana 1987 ist das noch beste Ergebnis, welches er im weiteren Verlauf seiner Karriere vorweisen kann. 1988, kurz vor Olympia in Seoul verpasst Wildgruber die Nominierung durch den Verband (DSV) wegen einer Sturzverletzung mit schwerer Gehirnerschütterung.

Auch die Qualifikation zur Weltmeisterschaft 1989 in Vail/USA gelingt ihm nicht mehr, und so beendet Josef Wildgruber den Leistungssport. Heute noch wirkt er als selbstständiger Landwirt in seinem Heimatort.

Abfahrtslauf

| Event | Datum | Event - O rt | Platz 1 | Platz 2 | Platz 3 |
|-------|-------|--------------|---------|---------|---------|
| WC | 03.1985 | Furano | | Wildgruber | |
| WC | 03.1985 | Aspen | | | Wildgruber |
| WC | 12.1985 | Gröden | | | Wildgruber |

WC - Weltcup

# Peter Dürr

10. Februar 1960 in München –

Peter Dürr kommt ursprünglich aus der Szene der Windsurfer, bei der Dürr zweimal Deutscher Vizemeister wurde, und damit auch einmal Teilnehmer an den Weltmeisterschaften auf den Bahamas war. Anfang 1982 wechselt Peter Dürr zum Alpinen Skisport, für den ebenfalls Talent und gute Anlagen bei ihm zu erkennen waren. Die ersten Weltcuppunkte konnte Dürr sich im Februar 1982 in Garmisch-Partenkirchen durch seinen respektablen fünften Platz in der alpinen Kombination sicherstellen. Zweimal startete Dürr bei Olympischen Spielen, 1984 in Sarajewo und 1988 in Calgary. In Sarajewo blieb er ohne Ergebnis und bei Olympia in Calgary sind es in Abfahrt und Kombination leider nur die Ränge jenseits der Fünfzehn geworden. Vor den Spielen in Calgary hatte er noch für eine große Überraschung gesorgt, denn im Januar wird Peter Dürr Dritter in der Abfahrt auf der Planai in Schladming. Es ist die einzige, beste und auch letzte Platzierung von Peter Dürr im Rahmen des Weltcup. Sein letzte Rennen bestritt Dürr in der Saison 1988/89 in Laax, das er mit einem elften Rang im Abfahrtslauf abschloss.

Als Polizist ist Peter Dürr auch alpiner Sportwart beim Bayrischen Skiverband und ist der Vater der heute noch aktiven Rennläuferin Lena Dürr.

## Abfahrtslauf

| Event | Datum | Event - Ort | Platz 1 | Platz 2 | Platz 3 |
|-------|-------|-------------|---------|---------|---------|
| WC | 01.1988 | Schladming | | | Dürr |
| | | | | | |

WC  -  Weltcup

# Peter Roth

30. Januar 1961 in Schönau a. Königssee -

Peter Roth`s bevorzugte Ambition lag bei der Disziplin des Slalom, aber auch in die Disziplin Su-G konnte man ihn schicken, wie zwei seiner Podiumsplatzierungen bestätigen. Die ersten Weltcup-Punkte wurden Peter Roth durch seinen siebten Rang 1981 in der Kombinationswertung bei den Rennen von Morzine in Frankreich angerechnet. Erstmals auf dem Podest stand Peter Roth ein Jahr später als Dritter der Kombination in Bad Wiessee. Weitere Platzierungen gelingen auf dem Podium in den Jahren 1985, 1986 und 1987 als Kombinationszweiter von Wengen und mit dritten Rängen im Su-G von Whistler und Aspen bei den Rennen in den USA. Peter Roth`s einziger Sieg im Weltcup datiert im August 1990 mit seinem Slalom-Erfolg am Mount Hutt in Neuseeland. Als Dritter des Slaloms in Kranjska Gora stand Roth letztmalig auf dem Podest im Weltcup. In seiner 15-jährigen Rennkarriere nahm Peter Roth dreimal an Olympischen Spielen teil: in Calgary 1988, Albertville 1992 und Lillehammer 1994, wie vier mal an den Weltmeisterschaften von Schladming 1982, Bormio 1985, Saalbach-Hinterglemm 1991 und Morioka 1993. Bei letzterer Weltmeisterschaft in Morioka lieferte Roth als Achter des Slaloms das bestes Ergebnis bei den Weltmeisterschaften ab. Im Slalom der Olympischen Spiele von Lillehammer lag er im ersten Durchgang auf dem dritten Rang, schied im zweiten Durchgang aber aus. Im Zeitraum der Jahre 1981 bis 1994 war Roth sechsmal Deutscher Meister: Im Abfahrtslauf und Riesenslalom je einmal und in seiner starken Disziplin, dem Slalom viermal.

Seit dem Rücktritt vom Rennsport im April 1995 arbeitet Peter Roth als Betreuer und Berater für den Deutschen Ski Verband (DSV).

# Peter Roth

## Slalom

| Event | Datum | Event - Ort | Platz 1 | Platz 2 | Platz 3 |
|-------|-------|-------------|---------|---------|---------|
| WC | 08.1990 | Mount Hutt | Roth | | |
| WC | 12.1992 | Kraniska Gora | | | Roth |
| | | | | | |

## Su-G

| Event | Datum | Event - Ort | Platz 1 | Platz 2 | Platz 3 |
|-------|-------|-------------|---------|---------|---------|
| WC | 03.1986 | Whistler | | | Roth |
| WC | 03.1987 | Aspen | | | Roth |
| | | | | | |

## Kombination

| Event | Datum | Event – Ort | Platz 1 | Platz 2 | Platz 3 |
|-------|-------|-------------|---------|---------|---------|
| WC | 011982 | Bad Wiessee | | | Roth |
| WC | 01.1985 | Wengen | | Roth | |
| | | | | | |

WC - Weltcup

# Hans Stuffer

11. April 1961 in Samerberg/Oberbayern –

1983 und 1985 ist Hans Stuffer Deutscher Meister im Riesenslalom geworden. Und am 27. Januar 1985 erreichte er erstmals einen Platz bei einem Weltcup-Rennen auf dem Podest. Als Drittem im Su-G von Garmisch-Partenkirchen weckte er beim Deutschen Skiverband und seinen Anhängern doch große Hoffnungen auf einen zweiten starken Athleten neben Markus Wasmeier in dieser Disziplin. Gut ein Jahr später folgte für Hans Stuffer ein zweiter Rang im Riesenslalom von Hemsedal in Norwegen. Die Hoffnungen bestätigen sich, schien man beim DSV anzunehmen. Aber in der Folge wurde Stuffer mehr und mehr von Verletzungen geplagt. Erst im März 1990 in Hemsedal, vier Jahre nach seinem zweiten Rang am gleichen Ort, gelang Hans Stuffer nochmals ein dritter Platz, dieses Mal im Su-G. Schon ein Jahr darauf muss Hans Stuffer seine Karriere wegen ständig auftretenden Verletzungen beenden.

Noch vor dem Zeitpunkt seiner Verletzungen hat er an den Weltmeisterschaften in Cranc-Montana 1987 und Vail 1989 in den USA teilgenommen, wobei der fünfte Rang von Crans-Montana im Riesenslalom sein respektabelstes Ergebnis bei den Weltmeisterschaften war.

## Riesenslalom

| Event | Datum | Event - Ort | Platz 1 | Platz 2 | Platz 3 |
|-------|-------|-------------|---------|---------|---------|
| WC | 02.1986 | Hemsedal | | Stuffer | |
| | | | | | |

## Su-G

| Event | Datum | Event - Ort | Platz 1 | Platz 2 | Platz 3 |
|-------|-------|-------------|---------|---------|---------|
| WC | 01.1985 | Garmisch-P. | | | Stuffer |
| WC | 03.1990 | Hemsedal | | | Stuffer |

WC - Weltcup

176

# Markus "Wasi" Wasmeier

09. September 1963 in Schliersee/Oberbayern -

Markus Wasmeier, der Sohn eines Lüftlmalers und Restaurators stand schon mit zwei Jahren auf seinen Skiern, und es brauchte nicht lange, da gewann er die ersten Schüler-Rennen. Nach der Lehre als Maler und Lackierer wechselt Wasmeier 1994 zur Bundeswehr mit dem Ziel, die guten Möglichkeiten von Training für den Skisport zu nutzen. Seinen ersten Einsatz im Weltcup hatte Markus Wasmeier am 05. Februar 1983 in St. Anton, wo er 49. in der Abfahrt wird. Erstmals Weltcup-Punkte holte er dann Ende Januar 1984 in Garmisch-Partenkirchen mit Rang 10 in der Kombination. Am 11. Dezember des Jahres gelingt ihm erstmals in Sestriere mit Platz Zwei im Riesenslalom der Sprung aufs Podest. Einen der großartigen Höhepunkte in der Karriere des Markus Wasmeier bildete der überraschende Gewinn des Weltmeistertitels von Bormio im Riesenslalom im Februar 1985. Im weiteren Verlauf der Saison 1986 erreicht Wasmeier in einem Parallelslalom bei Wien den Zweiten Platz, um im Februar in Morzine seinen ersten Sieg im Weltcups im Su-G zu feiern. Dieser Erfolg wog schwer, entschied er doch auch die WC-Disziplin Su-G zu seinen Gunsten. Die neue Rennsaison 1986/87 konnte sich für Wasmeier sehen lassen. So gewann er den prestigeträchtigen Abfahrtslauf in Wengen am Lauberhorn für sich und wurde Bronzemedaillen-Gewinner im Su-G bei den Weltmeisterschaften 1987 in Crans-Montana. Ein schwerer Sturz beendet in Furano/Japan, bei dem sich Markus Wasmeier zwei Rückenwirbel brach. Aber schon im Januar 1988 siegte er in seiner Lieblingsdisziplin einem Su-G in Val d`Isere, um einen weiteren Erfolg in dieser Kategorie 1991 in Lake Louise folgen zu lassen. Dazwischen lagen die Olympischen Spiele Calgory`s 1988 und in Vail die Weltmeisterschaften 1989, bei deren Events Wasmeier als Kandidat für Medaillen aber leer ausging. Den letzten Weltcup-Sieg in der Karriere von Wasmeier erreicht dieser am 11. Januar 1992 im Abfahrtslauf von Garmisch-Partenkirchen. Legendär wurden dann aber seine Olympiasiege 1994 im Su-G und dem Riesenslalom in Lillehammer. Seine für ihn absehbar letzte Saison hatte bisher nur durchschnittliche Leistungen erbracht, und Wasmeier zählte auch nicht unbedingt zu den Medaillenanwärtern. Ihm gelingt die Sensation mit den zwei Olympiasiegen im Su-G und Riesenslalom.

Selbstverständlich prasselten viele Ehrungen auf ihn nieder: Wasmeier wurde Sportler des Jahres 1994, das Silberne Lorbeerblatt vom Bundespräsidenten , wie auch die Verleihung des Bayrischen Verdienstordens im Jahre 2007. Verdienste erwirbt sich Wasmeier auch durch Pflege Bayrischen Kulturguts für das er sich beim Aufbau eines Bauernhof/Wintersport-Museum in seinem Heimatort Schliersee einsetzt. Dem Skisport blieb Wasmeier lange Zeit treu, als Analyst, Experte oder Moderator bei großen Ski-Events, die im Fernsehen Live übertragen werden. Seit 1991 ist Markus Wasmeier mit Brigitte, einer Südtirolerin verheiratet. Sie haben drei gemeinsame Söhne.

Abfahrtslauf

| Event | Datum | Event - Ort | Platz 1 | Platz 2 | Platz 3 |
|-------|-------|-------------|---------|---------|---------|
| WC | 08.1985 | Las Lenas | | | Wasmeier |
| WC | 12.1986 | Val d`Isere | | Wasmeier | |
| WC | 12.1986 | Val Gardena | | | Wasmeier |
| WC | 01.1987 | Wengen | Wasmeier | | |
| WC | 01.1989 | Wengen | | Wasmeier | |
| WC | 01.1992 | Garmisch-P. | Wasmeier | | |
| WC | 01.1992 | Wengen | | Wasmeier | |

Slalom

| Event | Datum | Event - Ort | Platz 1 | Platz 2 | Platz 3 |
|-------|-------|-------------|---------|---------|---------|
| WC/PSL | 12.1985 | Wien | | Wasmeier | |

Riesenslalom

| Event | Datum | Event – Ort | Platz 1 | Platz 2 | Platz 3 |
|-------|-------|-------------|---------|---------|---------|
| WC | 12.1984 | Sestriere | | Wasmeier | |
| WM | 02.1985 | Bormio | Wasmeier | | |
| WC | 01.1986 | Kranjska Gora | | | Wasmeier |
| WC | 12.1986 | Alta Badia | | | Wasmeier |
| WC | 02.1987 | Todtnau | | | Wasmeier |
| WC | 02.1992 | St. Gervais | | | Wasmeier |
| OLS | 02.1994 | Lillehammer | Wasmeier | | |

# Markus "Wasi" Wasmeier

## Su-G

| Event | Datum | Event - Ort | Platz 1 | Platz 2 | Platz 3 |
|-------|-------|-------------|---------|---------|---------|
| WC | 02.1986 | Crans Montana | | | Wasmeier |
| WC | 02.1986 | Crans Monata | | Wasmeier | |
| WC | 02.1986 | Morzine | Wasmeier | | |
| WC | 02.1986 | Hemsdal | | Wasmeier | |
| WC | 03.1986 | Whistler | Wasmeier | | |
| WC | 12.1986 | Val d`Isere | Wasmeier | | |
| WC | 01.1987 | Garmisch-P. | Wasmeier | | |
| WM | 02.1987 | Crans Montana | | | Wasmeier |
| WC | 01.1988 | Val d`Isere | Wasmeier | | |
| WC | 03.1988 | Beaver Creek | | Wasmeier | |
| WC | 02.1989 | Aspen | | Wasmeier | |
| WC | 03.1991 | Lake Louise | Wasmeier | | |
| OLS | 02.1994 | Lillehammer | Wasmeier | | |

## Kombination

| Event | Datum | Event – Ort | Platz 1 | Platz 2 | Platz 3 |
|-------|-------|-------------|---------|---------|---------|
| WC | 01.1986 | Kitzbühel | | | Wasmeier |
| WM | 02.1986 | Morzine | Wasmeier | | |
| WC | 02.1986 | Are | | Wasmeier | |
| WC | 01.1988 | Kleinkirchheim | | Wasmeier | |
| WC | 12.1988 | St. Anton | | Wasmeier | |
| WC | 01.1989 | Wengen | | | Wasmeier |
| WC | 01.1990 | Kitzbühel | | | Wasmeier |

WC - Weltcup
WM - Weltmeisterschaft
OLS - Olympische Spiele

# Armin Bittner

28. November 1964 in Krün bei Garmisch-P. –

Armin Bittner war Deutschlands bester Slalomfahrer der 80er bis zum Anfang der 90er bei über Zwölf Jahren Leistungssport. Seine ersten Rennen bestritt er als neunjähriger Knirps. Eine Karriere mit vielen großen Höhepunkten steht ihm bevor: Olympischen Spielen, drei Weltmeisterschaften, 19 Podiumsplätzen im Weltcup, davon siebenmal ganz vorn. Weitere Glanzpunkte Armin Bittners sind sein Slalomsieg 1989 beim Hahnenkamm-Rennen in Kitzbühel und die Medaillen in Bronze und Silber der Weltmeisterschaften in Crans-Montana 1987 und Vail 1989. Wer erinnert sich nicht an Bittner`s heiße Duelle mit Italiens Alberto Tomba, dem Weltbesten im Slalom im 80er Jahrzehnt. Zweimal in Folge gewann Armin Bittner den Disziplin-Weltcup im Slalom der Jahre 1989 und 1990. Fünfmal war er Deutscher Meister, dreimal im Slalom und zweimal im Riesenslalom.

Armin Bittner, Stabsunteroffizier der Bundeswehr bei den Gebirgsjägern beendet 1994 seine sehenswerte Laufbahn im Leistungssport. Heute ist er Vater zweier Kinder, die ihm seine Frau Regine, Ex-Rennläuferin Mösenlechner, geboren hat. Seit 2010 gehört Armin Bittner zum Trainer-Team des Deutschen Skiverbandes, zuständig für den Slalom und Riesenslalom des Damen-Nationalkaders.

# Armin Bittner

## Slalom

| Event | Datum | Event – Ort | Platz 1 | Platz 2 | Platz 3 |
|---|---|---|---|---|---|
| WC | 12.1986 | Hinterstoder | Bittner | | |
| WC | 01.1987 | Kitzbühel | | | Bittner |
| WM | 12.1987 | Crans-Montana | | | Bittner |
| WC | 02.1987 | Markstein | | Bittner | |
| WC | 03.1988 | Saalbach | | Bittner | |
| WC | 12.1988 | Kranjska Gora | | Bittner | |
| WC | 12.1988 | St. Anton | Bittner | | |
| WC | 01.1989 | Kitzbühel | Bittner | | |
| WM | 02.1989 | Vail | | Bittner | |
| WC | 03.1989 | Shigakogen | | | Bittner |
| WC | 08.1989 | Thredbo | Bittner | | |
| WC | 01.1990 | Kranjska Gora | Bittner | | |
| WC | 01.1990 | Schladming | Bittner | | |
| WC | 01.1990 | Kitzbühel | | | Bittner |
| WC | 03.1990 | Veysonnaz | Bittner | | |
| WC | 03.1990 | Saelen | | | Bittner |
| WC | 01.1992 | Kranjska Gora | | Bittner | |
| WC | 01.1992 | Kitzbühel | | | Bittner |
| WC | 01.1992 | Wengen | | | Bittner |
| WC | 11.1992 | Sestriere | | | Bittner |

## Riesenslalom

| Event | Datum | Event - Ort | Platz 1 | Platz 2 | Platz 3 |
|---|---|---|---|---|---|
| WC | 12.1989 | Mt. Saint Anne | | | Bittner |

WC - Weltcup
WM - Weltmeisterschaft

181

# Bernhard „Berni" Huber

11. Juli 1967 in Obermaiselstein/Oberallgäu -

Sein Einstieg ins internationale Renngeschehen war vielversprechend, denn mit einer Bronzemedaille bei den Juniorenweltmeisterschaften von Jasna 1985 in der Kombination, mit gerade mal 18 Jahre nachhause zu fahren war für ihn großartig. Bei seinem Einsatz in den Weltcup-Rennen von Wengen, gelingt es ihm im Januar 1988 erstmals Weltcup-Punkte sammeln, erzielt mit dem siebenten Rang in der Kombination. Nach einem Platz 7. in der Weltcup-Abfahrt von Cortina d`Ampezzo am 04. Februar 1990 richten sich die Blicke der Konkurrenten schon respektvoller auf Bernhard Huber. Tatsächlich eröffnet Bernhard Huber die neue Saison 1990/91 mit einem Paukenschlag, als er hinter dem Österreicher Franz Heinzer und vor dem Norweger Atle Skardal Zweiter des Abfahrtslaufes in Gröden wird. Es folgten anschließend noch eine Reihe von TOP-Zehn Ergebnissen in den Abfahrtsläufen. Aber dann erfüllten sich die Hoffnungen des Verbandes und auch die seiner Fans auf weitere Platzierungen auf dem Podest nicht mehr. Auch die Starts bei den Weltmeisterschaften 1989 und 1991, den Olympischen Spielen 1992 und einer weiteren WM in 1996 brachten keine befriedigenden Ergebnisse mehr. Die Saison 1992/93 musste Huber wegen eines Kreuzbandrisses ganz ausfallen lassen. Er kam nochmal zurück und wird Nationaler Meister 1995 in der Abfahrt und im Su-G 1996. Nach einem sehr schweren Sturz im Januar 1997 in Chamonix beendet Berni Huber vorzeitig seine Karriere im Leistungssport.

## Slalom

| Event | Datum | Event - Ort | Platz 1 | Platz 2 | Platz 3 |
|-------|-------|-------------|---------|---------|---------|
| WC | 12.1990 | Gröden | | Huber | |

WC - Weltcup

# Hansjörg Tauscher

15. September 1967 in Oberstdorf –

Die Qualität des Hansjörg Tauscher bestand ausschließlich im Abfahrtslauf, die er am 06. Februar 1989 in Vail im US Staat Colorado bei der WM zu seiner und auch Deutschlands Sternstunde machte. Er war kein Favorit auf der sehr schwierigen Abfahrtspiste, aber Tauscher gelang es, die eine Schlüsselstelle, die „rattle snake alley" (Klapperschlangengasse) optimal und bei mit hohem Tempo zu durchfahren, was ihm am Ende diesen sensationellen Weltmeister-Titel einbrachte. Hansjörg Tauscher sagte etwas später, das er diese Passage der Strecke, eine Bob ähnliche Doppel-S-Kurve ausgiebig und lange besichtigt habe. Im Weltcup dagegen war seine Ausbeute eher mager, sieht man von einem dritten Rang des Abfahrtslaufs im Januar 1992 in Garmisch-Partenkirchen ab. Bei den Olympischen Winterspiele 1992 in Val d`Isere erreicht Tauscher Platz Sieben. Zwei Deutsche Meistertitel im Su-G 1991 und in der Abfahrt 1992 kann er gewinnen. Ähnlich überraschend wie bei der Weltmeisterschaft in Vail, hatte er 1985 in Jasna/Slowenien bei den Juniorenweltmeisterschaften in der Abfahrt die Silbermedaille gewonnen.

Als Polizeihauptmeister und seines Zeichens Weltmeister genießt er in seinem Geburtsort Oberstdorf großes Ansehen. Hansjörg Tauscher ist Vater von zwei Kindern.

Abfahrtslauf

| Event | Datum | Event - Ort | Platz 1 | Platz 2 | Platz 3 |
|-------|-------|-------------|---------|---------|---------|
| WM | 02.1989 | Vail | Tauscher | | |
| WC | 01.1992 | Garmisch-P. | | | Tauscher |

WM - Weltmeisterschaft
WC - Weltcup

# Tobias Barnerssoi

19. Juni 1969 in Eichstätt/Oberbayern -

Tobias Barnerssoi gehörte in 90er-Jahren neben Markus Wasmeier für den Deutschen Ski Veband zu Hoffnungsträger, speziell im Riesenslalom. Von 1988 bis 1999 war er Mitglied im Kader der Ski-Nationalmannschaft. Tobias Barnerssoi aber schaffte nie ganz den internationalen Druchbruch, den man sich auf Grund seines Talents erhoffen durfte. Im Laufe der Karriere war er Teilnehmer an drei Weltmeisterschaften, 1991 in Saalbach-Hinterglemm, in Morioka 1993 und in Sierra Nevada 1996, wie an den Olympischen Spielen von Lillehammer 1994. Das Fazit war, keine einzige Nähe an einer Medaille. Was den Weltcup angeht, konnte er sich über zwei Ehrungen auf dem Podium feuen. Im Dezember 1993 gelingt ihm die erste Platzierung im Riesenslalom von Val d`Isere mit Rang Zwei. Knapp vier Wochen später im Januar 1994 bei einem weiteren Riesenslalom in Kranjska Gora nochmals der Sprung auf das Podium, das leider sein letztes im Weltcup wurde, sieht man von den sechs Titeln auf nationaler Ebene im Riesenslalom und Su-G ab. Das Jahr 1999 bestimmt Tobias Barnerssoi für seinen Rücktritt vom Skirenn-Sport. Heute ist der studierte Diplom-Sportökonom Barnerssoi oft als Kommentator beim Bayrischen Rundfunk und bei der ARD in Sachen Skisport zu sehen und zu hören.

Riesenslalom

| Event | Datum | Event - Ort | Platz 1 | Platz 2 | Platz 3 |
|-------|-------|-------------|---------|---------|---------|
| WC | 12.1993 | Val d`Isere | | Barnerssoi | |
| WC | 01.1994 | Kraniska Gora | | | Barnerssoi |

WC - Weltcup

# Max Rauffer

08. Mai 1972 in Kolbermoor b. Rosenheim –

Stark war Max Rauffer im Abfahrtslauf und dem Su-G. Bestätigt hat er das dann schließlich mit den beiden Weltcup-Platzierungen in Kvitfjell und Gröden, letzterer mit seinem einzigem Sieg im Dezember 2004 in der Abfahrt. Vierzehn Jahre von 1991 bis 2005 ist Max Rauffer ein Mitglied der deutschen Ski-Nationalmannschaft gewesen. Das erste Rennen im Weltcup bestritt er in der Abfahrt von Wengen 1992. Wie schon Eingangs erwähnt kennzeichnen zwei Fixpunkte Max Rauffers Laufbahn. Der erste Höhepunkt, sein dritter Platz in Kvitfjell im November 2000 in Norwegen und nur spektakulärer sein sensationeller Abfahrtssieg in Gröden am 18. Dezember 2004. Dreizehn Jahre nach Markus Wasmeier konnte ein Deutscher wieder einen Erfolg in einer Weltcup-Abfahrt erzielen. Aber ansonsten fuhr Max Rauffer in der Zeit nach dem großartigen Erfolg den Podestplätzen mehr oder weniger hinterher.

Fünfmal wurde er Deutscher Meister: Doppelmeister 1999 in Abfahrt und dem Su-G, wie 1996, 2000 und 2002 noch dreimal Meister im Abfahrtslauf. Im Jahr 2005 im Oktobers verkündet Rauffer aus Gründen von vielen Verletzungen während seiner Karriere den Rücktritt vom Leistungssport. Kreuzbandrisse, Schulterverletzung, Verletzungen im Sprunggelenk, Meniskusschäden und Wirbelbrüche hatten zu gesundheitlichen Problemen geführt. Nach dem Rücktritt begann Max Rauffer ein Studium für das Wirtschafts-Ingenieurwesen in München, und übernahm danach den Schreinerei-Betrieb der Eltern.

Abfahrtslauf

| Event | Datum | Event - Ort | Platz 1 | Platz 2 | Platz 3 |
|-------|-------|-------------|---------|---------|---------|
| WC | 03.2000 | Kvitfiell | | | Rauffer |
| WC | 12.2004 | Gröden | Rauffer | | |

WC  - Weltcup

185

# Alois Vogl

15. September 1972 in Neukirchen/Oberpfalz -

Am 16. Januar im Jahre 1994 sammelte Alois Vogl mit seinem 10. Platz beim Hahnenkamm-Rennen in Kitzbühel seine ersten Punkte im Weltcup. Zehn Jahre dauert es, bis das „ewige" Talent, zeitweise gar nicht mehr im Förderkader, seine Anlagen mit einem dritten Platz in Flachau unter Beweis stellen konnte. Und am 9. Januar 2005 fuhr er mit dem 1. Slalom-Erfolg für den Skiverband nach 14 Jahren auf eisige Piste zum Sieg am Lauberhorn von Wengen. Es sollte für Alois Vogl der einzige Sieg bleiben. Auf die kurz bevorstehende WM 2005 in Bormio/Italien musste er wegen einer leidigen Entzündung an den Augen passen. Immer wieder zwangen ihn die langwierige Verletzungen zu überlangen Trainingspausen. So sind insgesamt Vogl´s Podestplatzierungen in der Rennsaison 2005/2006 mit einem Rang Drei in Wengen, dem zweiten Platz von Lenzerheide hinter Mario Matt (Österreich) und seinem weiteren dritten Rang auf dem Podest im Jahr 2007 in Kitzbühel um so bemerkenswerter. Am 21. Oktober 2008 schließlich beendet Alois Vogl seine Rennsportkarriere. Der Polizeibeamter Alois Vogl erfreut sich in seiner Heimatgemeinde immer noch großer Beliebtheit.

Slalom

| Event | Datum | Event - Ort | Platz 1 | Platz 2 | Platz 3 |
|-------|-------|-------------|---------|---------|---------|
| WC | 12.2004 | Flachau | | | Vogl |
| WC | 01.2005 | Wengen | Vogl | | |
| WC | 03.2005 | Lenzerheide | | Vogl | |
| WC | 01.2006 | Wengen | | | Vogl |
| WC | 01.2007 | Kitzbühel | | | Vogl |

WC - Weltcup

# Florian Eckert

07. Februar 1979 in Lörrach –

Geboren in Lörrach wuchs Florian Eckert in Bad Tölz auf und startete für den Skiclub Lenggries. Seine Liebe galt der Disziplin Abfahrtslauf, war aber in der Jugend- und Juniorenzeit auch ein recht passabler Läufer zwischen den roten und blauen Slalomstangen. Das bewies er 1997 mit der Bronze-Medaille in Schladming der Weltmeisterschaft bei den Junioren. Sein Start in die erste Weltmeisterschaft bei den Aktiven 2001 glückte ihm perfekt und endet mit der Bronzemedaille im der Abfahrtslauf von St. Anton. Hinter zwei Österreichern, Hannes Trinkl und Hermann Maier gelingt ihm diese Bravourleistung. Noch im März weckt Florian Eckert erneut große Hoffnungen für die Zukunft, denn in Kvitfjell bei den WC-Rennen belegt Eckert in zwei Abfahrtsläufen jeweils den zweiten Rang. Aber es entwickelte sich leider alles ganz anders. Durch eine schwere Knieverletzung war Florian Eckert gezwungen, ganze zwei Jahre zu pausieren.

Zu den Weltmeisterschaften 2005 in Bormio war er halbwegs fit, wie Rang 6 im Su-G und 12 im Abfahrtsrennen belegten. Die deutsche Mannschaft wurde mit ihm, Hilde Gerg, Martina Ertl, Andreas Ertl, Monika Bergmann und Felix Neureuther Team-Weltmeister. Eckert selbst wurde sechsmal deutscher Titel-Träger in der Zeit von 1999 bis 2004: Dreimal im Su-G, zweimal in der Abfahrt und einmal im Slalom. Aber fortwährende Kniebeschwerden lassen sich nicht mehr ignorieren, und so endet, was so erfreulich begann. Florian Eckert verkündet im September 2005 den Rücktritt von einer leider zu kurzen Zeit im alpinen Skirennsport. Im März 2010 schloss Florian Eckert an der Fachhochschule von München ein Studium für das Fach Feinwerktechnik ab.

## Abfahrtslauf

| Event | Datum | Event - Ort | Platz 1 | Platz 2 | Platz 3 |
|-------|-------|-------------|---------|---------|---------|
| WM | 02.2001 | St. Anton | | | Eckert |
| WC | 03.2001 | Kvitfiell | | Eckert | |
| WC | 03.2001 | Kvitfiell | | Eckert | |

WM - Weltmeisterschaft
WC - Weltcup

187

# Stephan Keppler

01.Februar1983 in Innsbruck -

Stephan Keppler wurde in Innsbruck geboren, wuchs aber in Albstadt/Baden-Württemberg nahe der Schwäbischen Alp auf. Nach seiner Schulausbildung verpflichtete sich Stephan Keppler der Bundeswehr, und gehörte dort einer Sport-Fördergruppe an. Seine Schwerpunktdisziplinen sind Abfahrt und der Su-G. Nach Starts in FIS-Rennen und Europacup wurde Keppler erstmals in den WC-Rennen von 2003 in Garmisch-Partenkirchen eingesetzt. Aber erste Punkte im Weltcup erzielt Stephan Keppler erst im Januar 2006, wieder in Garmisch durch einen 21. Platz der Kandahar-Abfahrt. In dem Jahr wird er Deutscher Meister in Abfahrt und Su-G, letztere Disziplin er 2007 noch einmal gewinnt. Mit zwei achten Plätzen in den Weltcup-Rennen Abfahrt und Su-G von Lake Louise qualifiziert sich Keppler für die WM 2007 in Are, ohne aber sehr auffällige Leistungen abzurufen. Auch die Weltmeisterschaften 2009 in Val d`Isere und die Olympischen Spiele 2010 in Vancouver verliefen für ihn und den Verband wenig befriedigend. Dafür wartete Keppler im Dezember 2010 mit einigen TOP Ten-Ergebnissen auf, darunter mit seinem größten Erfolg, einem zweiten Rang im Su-G von Gröden hinter dem Österreicher M. Walchhofer. Einen Monat später stürzt Keppler in der Abfahrt am Lauberhorn in Wengen. In der Saison 2011/12 erzielt er in Gröden im Su-G mit Rang Sechs, später in Kitzbühel mit Platz Acht in der Abfahrt nochmals respektable Ergebnisse. Mit einem elften Platz bei der Abfahrt in Bormio 2012 verzeichnet Stephan Keppler sein allerletztes Weltcup-Resultat, um später wegen fehlender Motivation/Perspektiven nach der Saison 2013/14 zurückzutreten.

Su-G

| Event | Datum | Event - Ort | Platz 1 | Platz 2 | Platz 3 |
|-------|-------|-------------|---------|---------|---------|
| WC | 12.2010 | Gröden | | Keppler | |

WC - Weltcup

# Felix Neureuther

26. März 1984 in München -

Der Sohn von Eltern, die Mutter Doppelolympia-Siegerin mit zahlreichen Weltcup-Erfolgen Rosi Mittermaier, und einem Vater mit fast gleich hohem Niveau während der Karriere Christian Neureuther, hat es bekanntlich sehr schwer ein solches eventuell belastende Erbe zu übernehmen. Inzwischen ist Sohn Felix Deutschlands erfolgreichster Alpiner bei den Herren geworden, was die Zahl der Siege und Platzierungen auf dem Podest im Weltcup betrifft. Mit drei Jahren stand Felix Neureuther unter Anleitung und Aufsicht seines Vaters früh auf den Skiern. Über die zahlreichen Schüler- und Jugendwettbewerbe entwickelte sich Neureuther zu einem kompletten Ski-Athleten, dessen Stärken Slalom und der Riesenslalom wurden. Im Alter von 19 gewann er 2003 seinen ersten Titel bei den Deutschen Meisterschaften im Slalom, denen er bis dato acht weitere folgen ließ: Slalom (4x), Riesenslalom (5x), Abfahrt (1x). Das Weltcup-Debüt begann für Neureuther im Januar 2003 in Kranjska Gora. In Slowenien bezahlte er durch sein Ausscheiden noch Lehrgeld, doch bei der WM im selben Jahr in St. Moritz wie im Dezember in Madonna di Campiglio reihte er sich bereits mit einem 15. und 8. Platz im Slalom in die Weltklasse ein. Zum ersten Höhepunkt Neureuthers entwickelte sich die Saison 2004/05, als er mit der Mannschaft in Bormio den Weltmeistertitel im Team mit Gold feiern durfte. Den ersten Sprung aufs „Treppchen" im Weltcup gelang im Dezember 2006 in Beaver Creek als Slalom-Dritter. Ansonsten war die weitere Saison einschließlich der in 2007/08 von vielen Enttäuschungen, Ausfällen und Verletzungen geprägt. Dann aber in der Rennserie 2009/10, war deutlich zu beobachten, wie Neureuther stetig zu einem Alpinen von Weltklasse reifte, wenn auch der vierte Rang im Slalom bei den Olympischen Spielen von Sotchi für ihn und die Öffentlichkeit als Enttäuschung empfunden wurde. Aber die Slalomsiege in Kitzbühel wie auch Garmisch-Partenkirchen in 2010 hatten sein Format bereits angedeutet. Es folgten die Siege von Wengen am Lauberhorn, Lenzerheide und Bormio in 2013, ein zweites Mal in Kitzbühel, in Kranjska Gora und Madonna di Campiglio im Jahre 2014. Dann der zweite Erfolg 2015 im Slalom von Wengen nach dem von 2013 ist gleichsam bedeutend wie jene von 2010 und 2013 in Kitzbühel.

Ein weiterer Sieg im Slalom gelingt Neureuther im japanischen Naeba 2016 und in Adelboden ist sein einziger Sieg im Riesenslalom 2014 zu notieren, 41 Jahre nach Max Riegers Weltcup-Sieg 1973 in Mt. Sainte-Anne/Kanada.

Dann endlich gelingt Felix Neureuther seine erste Einzelmedaille bei einer WM zu erzielen: Silbermedaille mit einem zweiten Rang beim Slalom von Schladming 2013 gleich hinter dem Top-Favoriten Marcel Hirscher. Mit der Bronzemedaille im Team-Wettbewerb kam die zweite Medaille hinzu. Eine weitere WM-Medaille konnte Felix Neureuther 2015 in Beaver Creek/USA als Dritter des Slaloms für sich und den Deutschen Ski Verband gewinnen. Im Riesenslalom scheiterte Felix als Vierter denkbar knapp am Podestplatz. Nach der WM aber machten ihm starke Rückenbeschwerden zu schaffen, die Felix Neureuther zu einer monatelangen Unterbrechung des Trainings zwangen. Es stand schon hier das Karriere-Aus im Raum. Aber Felix Neureuther kam zurück und verkündete sein Verbleib in der Skinationalmannschaft bis zu den Olympischen Spielen von Pjöngjang 2018. Neureuther hat auch die Saison 2016/17 wieder in Angriff genommen, die mit guten Ergebnissen einige Hoffnungen zur bevorstehenden WM im Februar in St. Moritz weckten. Am allerletzten Tag der Weltmeisterschaft rettete der sehr emotional auftretende Felix Neureuther mit seiner Bronzemedaille im Slalom den Skiverband vor einer Null-Nummer, was die Medaillen-Ausbeute betraf. Einen Sieg konnte er in 2016/17 nicht mehr verbuchen, dennoch konnte Neureuther mit den Podiumsplatzierungen bei drei zweiten und vier dritten Rängen noch recht gut bilanzieren. Neureuthers Vorbereitungen zur bevorstehenden Rennsaison 2o18/19 begannen leider gar nicht optimal. Ein leidiger Kreuzbandriss kostete Neureuther die Teilnahme an den Olympischen Winterspielen 2018. Noch Ende 2017 war er guter Dinge, als er im November im finnischen Levi den letzten von seinen insgesamt dreizehn Weltcupsiegen gewinnen konnte. Eine Handverletzung, ließ nun wohl langsam einen Prozess in Neureuther reifen, die Karriere bzw. die Rennski an den Nagel zu hängen. Es trifft wohl den deutschen Skisport hart einen, der die Weltcup- Klassiker Kitzbühel wie auch Wengen je zweimal gewann, und bei den Männern in Deutschland die Rekordzahl von nun dreizehn Weltcupsiegen errang, verzichten zu müssen. Neureuther gab seinen Rücktritt im März 2019 der Öffentlichkeit zur Kenntnis .

# Felix Neureuther

Slalom

| Event | Datum | Event – Ort | Platz 1 | Platz 2 | Platz 3 |
|---|---|---|---|---|---|
| WC | 01.2006 | Beaver Creek | | | Neureuther |
| WC | 02.2007 | Garmisch-P. | | Neureuther | |
| WC | 12.2007 | Alta Badia | | Neureuther | |
| WC | 01.2008 | Adelboden | | | Neureuther |
| WC | 01.2009 | Adelboden | | | Neureuther |
| WC | 03.2009 | Kranjska Gora | | | Neureuther |
| WC | 01.2010 | Kitzbühel | Neureuther | | |
| WC | 03.2010 | Garmisch-P. | Neureuther | | |
| WC | 03.2011 | Lenzerheide | | | Neureuther |
| WC | 12.2011 | Alta Badia | | | Neureuther |
| WC | 01.2012 | Zagreb | | Neureuther | |
| WC/PSL | 02.2012 | Moskau | | Neureuther | |
| WC | 03.2012 | Schladming | | Neureuther | |
| WC | 12.2012 | Val d`Isere | | Neureuther | |
| WC | 12.2012 | Mad. Di Camp. | | Neureuther | |
| WC/PSL | 01.2013 | München | Neureuther | | |
| WC | 01.2013 | Wengen | Neureuther | | |
| WC | 01.2013 | Kitzbühel | | Neureuther | |
| WM | 01.2013 | Schladming | | Neureuther | |
| WC | 01.2013 | Lenzerheide | Neureuther | | |
| WC | 01.2014 | Bormio | Neureuther | | |
| WC | 01.2014 | Wengen | | Neureuther | |
| WC | 01.2014 | Kitzbühel | Neureuther | | |
| WC | 01.2014 | Schladming | | | Neureuther |
| WC | 03.2014 | Kranjska Gora | Neureuther | | |
| WC | 03.2014 | Lenzerheide | | Neureuther | |
| WC | 11.2014 | Levi | | | Neureuther |

WC - Weltcup        WM - Weltmeisterschaft        PSL - Parallelslalom

191

# Felix Neureuther

## Slalom

| Event | Datum | Event - Ort | Platz 1 | Platz 2 | Platz 3 |
|-------|-------|-------------|---------|---------|---------|
| WC | 12.2014 | Are | | Neureuther | |
| WC | 12.2014 | Mad. Di Camp. | Neureuther | | |
| WC | 01.2015 | Zagreb | | Neureuther | |
| WC | 01.2015 | Wengen | Neureuther | | |
| WC | 01.2015 | Kitzbühel | | | Neureuther |
| WC | 01.2015 | Schladming | | | Neureuther |
| WM | 02.2015 | Beaver Creek | | | Neureuther |
| WC | 12.2015 | Val `Isere | | | Neureuther |
| WC | 02.2016 | Naeba | Neureuther | | |
| WC | 01.2017 | Zagreb | | Neureuther | |
| WC | 01.2017 | Wengen | | | Neureuther |
| WM | 02.2017 | St. Moritz | | | Neureuther |
| WC | 03.2017 | Kraniska Gora | | | Neureuther |
| WC | 03.2017 | Aspen | | Neureuther | |
| WC | 11.2017 | Levi | Neureuther | | |

## Riesenslalom

| Event | Datum | Event - Ort | Platz 1 | Platz 2 | Platz 3 |
|-------|-------|-------------|---------|---------|---------|
| WC | 01.2013 | Adelboden | | | Neureuther |
| WC | 01.2014 | Adelboden | Neureuther | | |
| WC | 03.2014 | Lenzerheide | | | Neureuther |
| WC | 03.2015 | Garmisch-P. | | Neureuther | |
| WC | 12.2015 | Val d`Isere | | Neureuther | |
| WC | 10.2016 | Sölden | | | Neureuther |
| WC | 03.2017 | Aspen | | Neureuther | |

## Kombination

| Event | Datum | Event - Ort | Platz 1 | Platz 2 | Platz 3 |
|-------|-------|-------------|---------|---------|---------|
| WC | 02.2011 | Bansko | | Neureuther | |

**WM** - Weltmeisterschaft    **WC** - Weltcup

# Romed Baumann

14. Januar 1986 in St. Johann/Tirol -

Der gebürtige Österreicher startet seit der Saison 2019/20 für Deutschland, nachdem sich Romed Baumann nicht mehr in der Nationalmannschaft von Österreich berücksichtigt fand. Baumann galt als Allrounder, der im Laufe seiner Karriere in so gut wie allen Disziplinen eingesetzt werden konnte. So erzielte er, da noch für sein Land Österreich startend, auch hier seine großen Erfolge. Schon 2011 gewann er für Österreich bei der Weltmeisterschaft von Garmisch-Partenkirchen die Silbermedaille mit dem Team, und 2013 bei der WM in Schladming wurde Baumann als 3. in der Alpinen Super-Kombination mit Bronze belohnt.

Aber seinen größten persönlichen Coup landete er, nun seit knapp zwei Jahren für Deutschland und den Deutschen Skiverband am Start, jetzt beim Su-G der alpinen Skiweltmeisterschaften von Cortina d`Ampezzo 2021 mit seiner Silbermedaille. Damit ist Romed Baumann nun der erste Rennläufer der Nachkriegs-Geschichte, der nun bei Weltmeisterschaften für zwei Länder Medaillen gewonnen hat. Nach der Verheiratung Baumann`s mit der ehemaligen Skirennläuferin Veronika Eller aus Deutschland , nahm Romed Baumann auch die deutsche Staatsbürgerschaft an.

Su-G

| Event | Datum | Even – Ort | Platz 1 | Platz 2 | Platz 3 |
|-------|-------|-----------|---------|---------|---------|
| WM | 02.2021 | Cortina d`Amp. | | Baumann | |
| | | | | | |

WM  - Weltmeisterschaft

# Fritz Dopfer

**24. August 1987 in Innsbruck -**

Fritz Dopfer besitzt neben der Deutschen auch die Staatsbürgerschaft von Österreich. Sein Vater war ein Skilehrer aus Deutschland die Mutter kam aus Österreich. Die Kindheit verbrachte Fritz Dopfer im bayrischen Schongau bis er mit den Eltern nach Tirol zog. Im österreichischen B-Kader startete Dopfer bis zum Ende der Saison 2006/07 für Österreich, um im Frühjahr 2007 zum Deutschen Ski Verband wegen besserer Entwicklungschancen zu wechseln. Erste Punkte im Weltcup-Punkte erzielte Fritz Dopfer mit einem 17. Platz in Kranjska Gora im Januar 2010. Kaum besser die Ränge 21 und 15 im Slalom und Riesenslalom bei den Weltmeisterschaften im Februar 2011 in Garmisch-Partenkirchen. Ein knappes Jahr später erreichte Dopfer im Riesenslalom von Beaver Creek in den USA erstmals das Podest als Dritter im Weltcup. Nochmal Dritter, nur spektakulärer im Slalom von Wengen am Lauberhorn. Spätestens ab diesem Zeitpunkt wusste die Elite, das mit Dopfer in beiden Disziplinen künftig zu rechnen sei. Zusammen mit Felix Neureuther und Stefan Luitz bilden diese Drei ein starkes Team im DSV. Weitere Erfolgsmeldungen von Dopfer ließen auch nicht lange auf sich warten: Platz Zwei des Riesenslaloms in Adelboden im Januar 2013, vier Wochen später Bronzemedaille bei der WM in Schladming im Team. Auch in der Rennphase 2014/15 positiver Auftritte von Dopfer im Weltcup und bei der Weltmeisterschaft von Vail: Rang Zwei im Slalom von Kranjska Gora hinter Neureuther, Platz Zwei in Adelboden und die WM-Silbermedaille des Slaloms in Vail. Die restliche Saison schloss Dopfer mit einem weiteren Rang auf Zwei im Riesenslalom von Meribel ab. Die neue Rennsaison 2015/16 hatte für Fritz Dopfer noch einen Höhepunkt parat, denn sein Dritter Platz beim Hahnenkamm Slalom-Klassiker in Kitzbühel sollte sein letztes Podium seiner am Ende erfolgreichen Karriere sein. Es fehlte Dopfer bisher der Sieg in einem WC-Rennen. Unmittelbar vor Beginn der neuen Saison 2016/17 erlitt Fritz Dopfer durch Sturz beim Training im Zillertal einen Schienen- und Wadenbeinbruch. Das Saison-Aus und auch für die Weltmeisterschaften von St. Moritz 2017. Nach Heilung, Reha und dem erneutem Trainingsaufbau kehrt Fritz Dopfer in die Weltcup-Rennen zurück, ohne jedoch zu seiner alter Leistungsstärke zurück zu finden. Im März 2020 gibt er Rücktritt vom Leistungssport bekannt.

# Fritz Dopfer

## Slalom

| Event | Datum | Event – Ort | Platz 1 | Platz 2 | Platz 3 |
|-------|-------|-------------|---------|---------|---------|
| WC | 01.2012 | Wengen | | | Dopfer |
| WC | 03.2014 | Kraniska Gora | | Dopfer | |
| WC | 12.2014 | Mad. Di Camp. | | Dopfer | |
| WC | 01.2015 | Adelboden | | Dopfer | |
| WM | 02.2015 | Vail | | Dopfer | |
| WC | 01.2016 | Kitzbühel | | | Dopfer |

## Riesenslalom

| Event | Datum | Event - Ort | Platz 1 | Platz 2 | Platz 3 |
|-------|-------|-------------|---------|---------|---------|
| WC | 12.2011 | Beaver Creek | | | Dopfer |
| WC | 01.2013 | Adelboden | | Dopfer | |
| WC | 10.2014 | Sölden | | Dopfer | |
| WC | 03.2015 | Meribel | | Dopfer | |

WC - Weltcup
WM - Weltmeisterschaft

# Josef „Pepi" Ferstl

29. Dezember 1988 in Traunstein -

Josef Ferstl gehört zum A-Kader des Deutschen Skiverbandes. Erste Sporen verdiente sich Ferstl beim European Youth Olympic Festival Monthey 2005, wo er Slalom-Fünfter und Achter im Su-Gi wurde. Sein Debut im Weltcup hatte Ferstl 2007 in Garmisch-Partenkirchen. Ein Einsatz, der noch keine Aufschlüsse über seine Leistungsstärke gab. Erst im Jahr 2011 wurde Ferstl sporadisch im Weltcup eingesetzt, ohne zu Weltcuppunkten zu kommen. Im Jahr 2013 gelang es Ferstl bei der Kandahar-Abfahrt von Garmisch-Partenkirchen unter die Top 10 zu fahren. Die Saison 2014/15 und 2015/16 brachten für Ferstl nochmal bei zwei Top Zehn Platzierungen Weltcuppunkte. Erst in der Saison 2017/18 ist Ferstl viel stabiler und überrascht im Su-G von Gröden mit seinem ersten Sieg in einem Weltcup. 13 Jahre musste der Deutsche Skiverband auf einen Erfolg in dieser technisch-anspruchsvollen rasanten Disziplin warten. Und am 27. Januar 2019 überrascht „Pepi" Ferstl abermals als erster Deutscher, der den Su-G in Kitzbühel am Hahnenkamm gewinnt. Eine sehr schöne Geschichte hatte sich entwickelt, denn sein Vater „Sepp" Ferstl hatte in den Jahren 1978 und auch 1979 die Abfahrten von Kitzbühel gewinnen können. Josef „Pepi" Ferstl, der Sohn ist immer noch im Weltcup aktiv.

## Su-Gi

| Event | Datum | Event - Ort | Platz 1 | Platz 2 | Platz 3 |
|-------|-------|-------------|---------|---------|---------|
| WC | 12.2017 | Gröden | Ferstl | | |
| WC | 01.2019 | Kitzbühel | Ferstl | | |
| | | | | | |
| | | | | | |

WC  - Weltcup

# Andreas Sander

13. Juni 1989 in Schwelm/Westfalen -

Der gebürtige Westfale wuchs in Ennepetal-Rüggeberg auf. Schon früh im Alter von erst zwei Jahren begann er unter Anleitung der Eltern auf der heimischen Teufelswiese mit dem Skisport. Schließlich holten Talent-Sichter des Deutschen Skiverbandes Sander zur optimalen Förderung ins Skigymnasium Berchtesgaden, und später im Herbst 2006 wechselt er an das Gertrud-von-le-Fort-Gymnasium nach Oberstdorf. Nach mehreren Deutschen Jugendmeisterschaften, vor allem in den schnellen Disziplinen, erzielt Sander den ersten bedeutenden internationale Erfolg: Es ist der Junioren-Weltmeistertitel von 2008 im Su-G von Formigal. Seine Nominierungen für den Start im Weltcup 2010 in Gröden und 2011 in Garmisch-Partenkirchen zur Weltmeisterschaft beendete er in Abfahrt und Su-G mit den Rängen 28 und 21. Aber seit der Saison 2016/17 bis dato entwickelte sich Sander inzwischen zu einem verlässlichen TOP Zehn Fahrer, sowohl bei der WM 2017 in St. Moritz, wie in Kitzbühel, als auch bei den Olympischen Spielen von 2018 in Pjöngjang. Der vorläufiger Höhepunkt von Sander ist der Gewinn der Abfahrts-Silbermedaille bei der Weltmeisterschaften 2021 in Cortina d`Ampezzo, als er mit nur einer Hundertstel Sekunde Rückstand hinter dem Favoriten und zweifachen Titelträger der Weltmeisterschaft, Vincent Kriechmayer aus Österreich durchs Ziel raste.

Abfahrtslauf

| Event | Datum | Event - Ort | Platz 1 | Platz 2 | Platz 3 |
|-------|-------|-------------|---------|---------|---------|
| WM | 02.2021 | Cortina d`Amp. | | Sander | |
| | | | | | |

WM - Weltmeisterschaft

# Stefan Luitz

26. März 1992 in Bolsterlang/Algäu -

Stefan Luitz alleinige Stärke nur im Riesenslalom auszumachen ist nicht sicher, den in seiner Entwicklung zu einem kompletten Skiläufer hat Luitz auch im Slalom Fortschritte in Richtung Top 15 gemacht. Das bewies er im Januar 2017 in Wengen und eine Woche darauf in Kitzbühel mit den Rängen Zehn und Achtzehn. Seit 2007 bis 2009 in FIS- und Europacup-Rennen im Einsatz, wurde Stefan Luitz 2010 Silbermedaillengewinner der Juniorenweltmeisterschaften in Les Houches im Riesenslalom. Und seit der Saison 2010/11 gehört Luitz zum A-Kader im Deutschen Ski Verband und konstant im Aufgebot für die Starts im Weltcup. Aber erst im Februar 2012 erzielte er zwei magere Weltcup-Punkte mit einem 29. Platz im Riesenslalom in Crans-Montana. Im Dezember des selben Jahres gewinnt er mit Platz Zwei in Val d`Isere in seiner starken Disziplin deinen ersten Platz auf dem Podium. Nach der WM 2013 in Schladming verletzt Luitz sich im Training auf der Piste von Garmisch-Partenkirchen durch Kreuzbandriss. Um so überraschender sein dritter Rang nach seiner Rückkehr im Dezember der neuen Saison 2013/14, wieder bei einem Riesenslalom in Val d`Isere. Bei den Olympischen Spielen in Sotchi im 1. Durchgang lag Stefan Luitz auf Platz Platz Zwei, fädelte aber leider im 2. Lauf ein. Das Jahresende beschließt Luitz in Are wiederum mit einem dritten Rang. Annähern drei Jahre ohne den begehrten Platz auf dem Podium beendet Stefan Luitz die Durststrecke mit Rang Drei Ende Januar 2017 in Garmisch-Partenkirchen. Der Dezember ist bei den Rennen von Stefan scheinbar ein guter Monat, denn wieder kann er mit den Riesenslaloms von Beaver Creek in den USA und Val d`Isere in Frankreich zwei Podeste besteigen. Das Jahr 2018 ist von der Anzahl der WC- Plätze auf dem Podium mager ausgefallen, aber es brachte ihm den ersten ersehnten Weltcup-Sieg im Riesenslalom in Beaver Creek, der ihm erst viel später nach Abwehr eines Protests zuerkannt wurde. Ein zweiter Rang in einem Parallel-Riesenslalom in Alta Badia ist sein bisher letztes Podiumergebnis. Eine wahre Folge von Verletzungen in 2019 und 2020 verhindern weitere Starts im Weltcup. Und die Einsätze in der vergangenen Saison 2020/21 im Weltcup und bei den Weltmeisterschaften von Cortina d`Ampezzo waren keine Rennen um Siege oder Podiumsplätze sondern Rennen, um zu alter Stärke zurück zu finden.

# Stefan Luitz

Riesenslalom

| Event | Datum | Event - Ort | Platz 1 | Platz 2 | Platz 3 |
|---|---|---|---|---|---|
| WC | 12.2012 | Val d`Isere | | Luitz | |
| WC | 12.2013 | Val d`Isere | | | Luitz |
| WC | 12.2014 | Are | | | Luitz |
| WC | 01.2017 | Garmisch-P. | | | Luitz |
| WC | 03.2017 | Beaver Creek | | | Luitz |
| WC | 12.2017 | Val d`Isere | | Luitz | |
| WC | 02.2018 | Beaver Creek | Luitz | | |
| WC/PRSL | 12.2019 | Alta Badia | | Luitz | |

**WC** - Weltcup
**WC/PRSL** - Weltcup/Parallel-Riesenslalom

# Linus Strasser

06. November 1992 in München -

In der Saison 2014/15 gelangte Linus Strasser in den Kader für den Start in den prestigeträchtigen Weltcup. Bei den vorangegangenen Einsätzen in FIS-Rennen und im Europacup deutete Linus Strasser sein großes Talent schon mehrfach an. Sein Debut im Weltcup gab Strasser am 27. Oktober 2013 im Riesenslalom von Sölden. Gleichfalls im Riesenslalom konnte er im Jahre 2014 des Titel eines Deutschen Meisters erringen. Zu ersten Weltcuppunkten kam er am 06. Januar 2015 beim Slalom von Zagreb mit seinem 20. Platz. Weiter aufwärts ging die Formkurve mit 14. Rang beim Slalom von Kitzbühel. Und nur eine Woche später folgte Platz fünf in Schladming. Die guten Ergebnisse veranlassten den DSV, Linus Strasser für die Weltmeisterschaften 2015 in Vail/USA zu nominieren. Er dankte für das Vertrauen mit dem 10. Platz im Slalom. Die faustdicke Überraschung aber dann sein sensationeller Sieg im Weltcup-Parallelslalom vom 31. Januar 2017 in Stockholm. Es war der erste deutsche Erfolg wieder nach Felix Neureuthers Slalomsieg am 14. Februar 2016 im japanischen Naeba. Immerhin dauert es glatte 3 Jahre bis Linus Strasser durch den Slalomsieg in Zagreb und den zweiten Rang des Slaloms von Adelboden in die Weltklasse vorrücken konnte. In diesem Segmente oder Kreis zu bleiben ist nicht leicht, wie die weiteren Rennen des Weltcup`s und die Weltmeisterschaft in Cortina d`Ampezzo aufzeigten. Aber die Voraussetzungen hat Linus Strasser, um sich und dem Deutschen Skiverband in der Zukunft noch viel Freude zu bereiten.

Slalom

| Event | Datum | Event - Ort | Platz 1 | Platz 2 | Platz 3 |
|--------|---------|-------------|----------|----------|----------|
| WC/PSL | 01.2017 | Stockholm | Strasser | | |
| WC | 11.2017 | Levi | | | Strasser |
| WC/PSL | 01.2018 | Oslo | | | Strasser |
| WC/PSL | 01.2018 | Stockholm | | | |
| WC | 01.2021 | Zagreb | Strasser | | |
| WC | 01.2021 | Adelboden | | Strasser | |

WC    - Weltcup
WC/PSL - Weltcup/Parallel-Slalom

# Thomas Dreßen

22. November 1993 in Garmisch-Partenkirchen-

Als 14-jähriger verließ Thomas Dreßen die Grundschule von Mittenwald und wechselte halber bessere Trainingsmöglichkeiten in die Ski-Schule Neustift im Stubaital, um bald darauf im Skigymnasium von Saalfelden Aufnahme zu finden. Dreßens Leistungspotenzial offenbarte sich für den Skiverband erstmals 2012 bei Dreßen`s Silbermedaille bei der Junioren-WM in Roccaraso. Und sein Durchbruch im Weltcup gelang fünf Jahre später in der Saison 2017/18, als der 25-jährige in Beaver Creek/USA auf den 3. Rang fuhr, und sechs Wochen später sensationell die Hahnenkamm Abfahrt in Kitzbühel für sich entschied. Beeindruckend auch die Saison 2019/20 mit 3 Abfahrtssiegen und weiteren Podiumsplätzen. Einen im November 2018 erlittener Kreuzbandschadens in der Abfahrt von Beaver Creek wiedermal mit Zwischenbestzeit stürzend, hatte später noch Folgen. Bei den Trainingsvorbereitungen für die Saison 2020/21 kam ein Hüft-Schaden hinzu, der eine Operation unabdingbar machte. Das vorläufige Aus! Ob Thomas Dreßen, unser Speed-As für Abfahrt und Su-G bis zur WM 2021 in Cortina d Ampezzo rechtzeitig wieder fit wird, wird sich erst zeigen.

## Abfahrtslauf

| Event | Datum | Event - Ort | Platz 1 | Platz 2 | Platz 3 |
|-------|-------|-------------|---------|---------|---------|
| WC | 12.2017 | Beaver Creek | | | Dreßen |
| WC | 01.2018 | Kitzbühel | Dreßen | | |
| WC | 03.2018 | Kvitfiell | Dreßen | | |
| WC | 11.2019 | Lake Louise | Dreßen | | |
| WC | 01.2020 | Wengen | | | Dreßen |
| WC | 02.2020 | Garmisch-P. | Dreßen | | |
| WC | 02.2020 | Saalbach | Dreßen | | |

## Su-G

| Event | Datum | Event - Ort | Platz 1 | Platz 2 | Platz 3 |
|-------|-------|-------------|---------|---------|---------|
| WC | 03.2018 | Are | | | Dreßen |
| WC | 12.2019 | Gröden | | | Dreßen |
| WC | 02.2020 | Saalbach | | | Dreßen |

WC – Weltcup

# Nachbetrachtung

90 Jahre Leistungssport von deutschen Alpinen im Wettstreit mit der Elite in der Welt zeigt auf, das es dem Deutschen Ski Verband (DSV) in seiner Funktion und Arbeit immer gelungen ist, Spitzensportler zu formen, sie zu motivieren und zur Weltklasse heran zu führen. Der Topf ist nicht so voll, oder sagen wir besser das Reservoir beim Nachwuchs ist nicht so groß, die Erfolge auf nicht so breiter Basis und dominierend wie bei unserem Nachbarnland Österreich. Aber mittlerweile ernten die Früchte des Erfolges auf den alpinen Pisten auch andere Nationen wie Frankreich, Italien, Schweiz, USA, Norwegen, die Schweden, aber inzwischen auch noch kleinere Länder wie Kroatien, Slowenien, aber auch Deutschland.

Augenblicklich auf die Perspektiven im alpinen Leistungssport in Deutschland blickend, sind nach vielen Jahren des Übergewichts bei den Damen inzwischen die Aussichten bei den Herren, Erfolge innerhalb der Weltklasse abzugreifen ein wenig günstiger einzuschätzen.. Bei unseren Damen mit den erfolgreichen Vorbildern Maria Riesch und Viktoria Rebensburg tut sich personell eine große Leistungslücke auf, die zu schließen einer Christina Geiger oder Lena Dürr momentan nicht gelingt. Der Rücktritt von Maria Riesch im Jahr 2013 macht das hinterlassene Vakuum schmerzlich bewusst, erst recht dann, wenn man an ein eventuelles Karriereende von Viktoria Rebensburg nur nachdenkt. Und den Jüngeren im Damenkader ist ein Sprung auch nur in die Nähe der Ränge 1 bis 3 in absehbarer Zeit nicht nicht möglich. Es bleibt zu hoffen, dass es dem Deutschen Ski Verband gelingt, bei der Sichtung nach Talenten und der dazu notwendigen Unterstützung wieder ein Perspektiv-Team mit Chancen auf dem „Stockerl" aufbieten kann. Inzwischen ist mit Kira Weidle bei den Damen, schon mehrfach auf dem Podium, wieder eine echte Anwärterin für zu vergebene Plätze auf dem Podest geworden. Bei den Herren hat Felix Neureuthers und Fritz Dopfers Rücktritt 2019 bzw. 2020 natürlich eine so schnell nicht zu schließende Lücke für potenzielle Plätze auf dem Podium hinterlassen. Aber ganz so düster sieht es bei den Herren nicht aus, sind noch mit den Rennläufern Linus Strasser, Stefan Luitz, Alexander Schmid, Thomas Dreßen, Josef Ferstl, Andreas Sander und Romed Baumann, alles Weltcupsieger oder Medaillengewinner bei Welttitel-Kämpfen, die den Deutschen Ski Verband relativ gelassen in die nahe Zukunft blicken lassen kann.

# Damen

Abfahrtslauf – Slalom – Riesenslalom – Su-G – Kombination

| Datum | Event | Event - Ort | Name | Platz |
|-------|-------|-------------|------|-------|
|       |       |             |      |       |
|       |       |             |      |       |
|       |       |             |      |       |
|       |       |             |      |       |
|       |       |             |      |       |
|       |       |             |      |       |
|       |       |             |      |       |
|       |       |             |      |       |
|       |       |             |      |       |
|       |       |             |      |       |
|       |       |             |      |       |
|       |       |             |      |       |
|       |       |             |      |       |
|       |       |             |      |       |
|       |       |             |      |       |
|       |       |             |      |       |
|       |       |             |      |       |
|       |       |             |      |       |
|       |       |             |      |       |
|       |       |             |      |       |
|       |       |             |      |       |

# Damen

Abfahrtslauf – Slalom – Riesenslalom – Su-G – Kombination

| Datum | Event | Event - Ort | Name | Platz |
|-------|-------|-------------|------|-------|
|       |       |             |      |       |
|       |       |             |      |       |
|       |       |             |      |       |
|       |       |             |      |       |
|       |       |             |      |       |
|       |       |             |      |       |
|       |       |             |      |       |
|       |       |             |      |       |
|       |       |             |      |       |
|       |       |             |      |       |
|       |       |             |      |       |
|       |       |             |      |       |
|       |       |             |      |       |
|       |       |             |      |       |
|       |       |             |      |       |
|       |       |             |      |       |
|       |       |             |      |       |
|       |       |             |      |       |
|       |       |             |      |       |
|       |       |             |      |       |
|       |       |             |      |       |

# Damen

Abfahrtslauf – Slalom – Riesenslalom – Su-G – Kombination

| Datum | Event | Event - Ort | Name | Platz |
|-------|-------|-------------|------|-------|
|       |       |             |      |       |
|       |       |             |      |       |
|       |       |             |      |       |
|       |       |             |      |       |
|       |       |             |      |       |
|       |       |             |      |       |
|       |       |             |      |       |
|       |       |             |      |       |
|       |       |             |      |       |
|       |       |             |      |       |
|       |       |             |      |       |
|       |       |             |      |       |
|       |       |             |      |       |
|       |       |             |      |       |
|       |       |             |      |       |
|       |       |             |      |       |
|       |       |             |      |       |
|       |       |             |      |       |
|       |       |             |      |       |
|       |       |             |      |       |
|       |       |             |      |       |

# Damen

Abfahrtslauf – Slalom – Riesenslalom – Su-G – Kombination

| Datum | Event | Event - Ort | Name | Platz |
|-------|-------|-------------|------|-------|
|       |       |             |      |       |
|       |       |             |      |       |
|       |       |             |      |       |
|       |       |             |      |       |
|       |       |             |      |       |
|       |       |             |      |       |
|       |       |             |      |       |
|       |       |             |      |       |
|       |       |             |      |       |
|       |       |             |      |       |
|       |       |             |      |       |
|       |       |             |      |       |
|       |       |             |      |       |
|       |       |             |      |       |
|       |       |             |      |       |
|       |       |             |      |       |
|       |       |             |      |       |
|       |       |             |      |       |
|       |       |             |      |       |
|       |       |             |      |       |
|       |       |             |      |       |

# Damen

Abfahrtslauf – Slalom – Riesenslalom – Su-G – Kombination

| Datum | Event | Event - Ort | Name | Platz |
|-------|-------|-------------|------|-------|
|       |       |             |      |       |
|       |       |             |      |       |
|       |       |             |      |       |
|       |       |             |      |       |
|       |       |             |      |       |
|       |       |             |      |       |
|       |       |             |      |       |
|       |       |             |      |       |
|       |       |             |      |       |
|       |       |             |      |       |
|       |       |             |      |       |
|       |       |             |      |       |
|       |       |             |      |       |
|       |       |             |      |       |
|       |       |             |      |       |
|       |       |             |      |       |
|       |       |             |      |       |
|       |       |             |      |       |
|       |       |             |      |       |
|       |       |             |      |       |
|       |       |             |      |       |

**Damen**

| Datum | Event | DWZ | QR | Name | | Platz |
|---|---|---|---|---|---|---|
| | | | | | | |
| | | | | | | |
| | | | | | | |
| | | | | | | |
| | | | | | | |
| | | | | | | |

# Damen

Abfahrtslauf – Slalom – Riesenslalom – Su-G – Kombination

| Datum | Event | Event - Ort | Name | Platz |
|-------|-------|-------------|------|-------|
|       |       |             |      |       |
|       |       |             |      |       |
|       |       |             |      |       |
|       |       |             |      |       |
|       |       |             |      |       |
|       |       |             |      |       |
|       |       |             |      |       |
|       |       |             |      |       |
|       |       |             |      |       |
|       |       |             |      |       |
|       |       |             |      |       |
|       |       |             |      |       |
|       |       |             |      |       |
|       |       |             |      |       |
|       |       |             |      |       |
|       |       |             |      |       |
|       |       |             |      |       |
|       |       |             |      |       |
|       |       |             |      |       |
|       |       |             |      |       |
|       |       |             |      |       |

# Herren

Abfahrtslauf – Slalom – Riesenslalom – Su-G – Kombination

| Datum | Event | Event - Ort | Name | Platz |
|-------|-------|-------------|------|-------|
|       |       |             |      |       |
|       |       |             |      |       |
|       |       |             |      |       |
|       |       |             |      |       |
|       |       |             |      |       |
|       |       |             |      |       |
|       |       |             |      |       |
|       |       |             |      |       |
|       |       |             |      |       |
|       |       |             |      |       |
|       |       |             |      |       |
|       |       |             |      |       |
|       |       |             |      |       |
|       |       |             |      |       |
|       |       |             |      |       |
|       |       |             |      |       |
|       |       |             |      |       |
|       |       |             |      |       |
|       |       |             |      |       |
|       |       |             |      |       |
|       |       |             |      |       |
|       |       |             |      |       |

# Herren

Abfahrtslauf – Slalom – Riesenslalom – Su-G – Kombination

| Datum | Event | Event - Ort | Name | Platz |
|-------|-------|-------------|------|-------|
|       |       |             |      |       |
|       |       |             |      |       |
|       |       |             |      |       |
|       |       |             |      |       |
|       |       |             |      |       |
|       |       |             |      |       |
|       |       |             |      |       |
|       |       |             |      |       |
|       |       |             |      |       |
|       |       |             |      |       |
|       |       |             |      |       |
|       |       |             |      |       |
|       |       |             |      |       |
|       |       |             |      |       |
|       |       |             |      |       |
|       |       |             |      |       |
|       |       |             |      |       |
|       |       |             |      |       |
|       |       |             |      |       |
|       |       |             |      |       |
|       |       |             |      |       |
|       |       |             |      |       |

# Herren

Abfahrtslauf – Slalom – Riesenslalom – Su-G – Kombination

| Datum | Event | Event - Ort | Name | Platz |
|-------|-------|-------------|------|-------|
|       |       |             |      |       |
|       |       |             |      |       |
|       |       |             |      |       |
|       |       |             |      |       |
|       |       |             |      |       |
|       |       |             |      |       |
|       |       |             |      |       |
|       |       |             |      |       |
|       |       |             |      |       |
|       |       |             |      |       |
|       |       |             |      |       |
|       |       |             |      |       |
|       |       |             |      |       |
|       |       |             |      |       |
|       |       |             |      |       |
|       |       |             |      |       |
|       |       |             |      |       |
|       |       |             |      |       |
|       |       |             |      |       |
|       |       |             |      |       |

# Herren

Abfahrtslauf – Slalom – Riesenslalom – Su-G – Kombination

| Datum | Event | Event - Ort | Name | Platz |
|-------|-------|-------------|------|-------|
|       |       |             |      |       |
|       |       |             |      |       |
|       |       |             |      |       |
|       |       |             |      |       |
|       |       |             |      |       |
|       |       |             |      |       |
|       |       |             |      |       |
|       |       |             |      |       |
|       |       |             |      |       |
|       |       |             |      |       |
|       |       |             |      |       |
|       |       |             |      |       |
|       |       |             |      |       |
|       |       |             |      |       |
|       |       |             |      |       |
|       |       |             |      |       |
|       |       |             |      |       |
|       |       |             |      |       |
|       |       |             |      |       |
|       |       |             |      |       |
|       |       |             |      |       |
|       |       |             |      |       |
|       |       |             |      |       |

# Herren

Abfahrtslauf – Slalom – Riesenslalom – Su-G – Kombination

| Datum | Event | Event - Ort | Name | Platz |
|---|---|---|---|---|
| | | | | |
| | | | | |
| | | | | |
| | | | | |
| | | | | |
| | | | | |
| | | | | |
| | | | | |
| | | | | |
| | | | | |
| | | | | |
| | | | | |
| | | | | |
| | | | | |
| | | | | |
| | | | | |
| | | | | |
| | | | | |
| | | | | |
| | | | | |
| | | | | |
| | | | | |

# Herren

Abfahrtslauf – Slalom – Riesenslalom – Su-G – Kombination

| Datum | Event | Event - Ort | Name | Platz |
|-------|-------|-------------|------|-------|
|       |       |             |      |       |
|       |       |             |      |       |
|       |       |             |      |       |
|       |       |             |      |       |
|       |       |             |      |       |
|       |       |             |      |       |
|       |       |             |      |       |
|       |       |             |      |       |
|       |       |             |      |       |
|       |       |             |      |       |
|       |       |             |      |       |
|       |       |             |      |       |
|       |       |             |      |       |
|       |       |             |      |       |
|       |       |             |      |       |
|       |       |             |      |       |
|       |       |             |      |       |
|       |       |             |      |       |
|       |       |             |      |       |
|       |       |             |      |       |
|       |       |             |      |       |
|       |       |             |      |       |

Herren

| Datum | Event | | Ort | | Name | | Platz |
|-------|-------|--|-----|--|------|--|-------|
| | | | | | | | |
| | | | | | | | |
| | | | | | | | |
| | | | | | | | |
| | | | | | | | |
| | | | | | | | |
| | | | | | | | |
| | | | | | | | |